A PRÁXIS DO EDUCADOR DA EDUCAÇÃO DE JOVENS E ADULTOS
QUALIFICAÇÃO PROFISSIONAL E FORMAÇÃO DOCENTE

Editora Appris Ltda.
1.ª Edição - Copyright© 2024 do autor
Direitos de Edição Reservados à Editora Appris Ltda.

Nenhuma parte desta obra poderá ser utilizada indevidamente, sem estar de acordo com a Lei nº 9.610/98. Se incorreções forem encontradas, serão de exclusiva responsabilidade de seus organizadores. Foi realizado o Depósito Legal na Fundação Biblioteca Nacional, de acordo com as Leis nºs 10.994, de 14/12/2004, e 12.192, de 14/01/2010.

Catalogação na Fonte
Elaborado por: Josefina A. S. Guedes
Bibliotecária CRB 9/870

M543p
2024

Menezes, Eloy Lima
   A práxis do educador da educação de jovens e adultos: qualificação profissional e formação docente / Eloy Lima Menezes. – 1. ed. – Curitiba: Appris, 2024.
   170 p. ; 21 cm. – (Educação, tecnologias e transdisciplinaridade).

   Inclui referências.
   ISBN 978-65-250-5932-7

   1. Educação de jovens e adultos. 2. Professores – Formação docente. I. Título. II. Série.

CDD – 374

Livro de acordo com a normalização técnica da ABNT

Appris
editora

Editora e Livraria Appris Ltda.
Av. Manoel Ribas, 2265 – Mercês
Curitiba/PR – CEP: 80810-002
Tel. (41) 3156 - 4731
www.editoraappris.com.br

Printed in Brazil
Impresso no Brasil

Eloy Lima Menezes

A PRÁXIS DO EDUCADOR DA EDUCAÇÃO DE JOVENS E ADULTOS
QUALIFICAÇÃO PROFISSIONAL E FORMAÇÃO DOCENTE

FICHA TÉCNICA

EDITORIAL	Augusto V. de A. Coelho
	Sara C. de Andrade Coelho
COMITÊ EDITORIAL	Marli Caetano
	Andréa Barbosa Gouveia - UFPR
	Edmeire C. Pereira - UFPR
	Iraneide da Silva - UFC
	Jacques de Lima Ferreira - UP
SUPERVISOR DA PRODUÇÃO	Renata Cristina Lopes Miccelli
PRODUÇÃO EDITORIAL	Sabrina Costa
REVISÃO	Ana Carolina de Carvalho Lacerda
DIAGRAMAÇÃO	Bruno Ferreira Nascimento
CAPA	Sheila Alves

COMITÊ CIENTÍFICO DA COLEÇÃO EDUCAÇÃO, TECNOLOGIAS E TRANSDISCIPLINARIDADE

DIREÇÃO CIENTÍFICA
Dr.ª Marilda A. Behrens (PUCPR)
Dr.ª Patrícia L. Torres (PUCPR)

CONSULTORES
Dr.ª Ademilde Silveira Sartori (Udesc)
Dr.ª Iara Cordeiro de Melo Franco (PUC Minas)
Dr. Ángel H. Facundo (Univ. Externado de Colômbia)
Dr. João Augusto Mattar Neto (PUC-SP)
Dr.ª Ariana Maria de Almeida Matos Cosme (Universidade do Porto/Portugal)
Dr. José Manuel Moran Costas (Universidade Anhembi Morumbi)
Dr. Artieres Estevão Romeiro (Universidade Técnica Particular de Loja-Equador)
Dr.ª Lúcia Amante (Univ. Aberta-Portugal)
Dr. Bento Duarte da Silva (Universidade do Minho/Portugal)
Dr.ª Lucia Maria Martins Giraffa (PUCRS)
Dr. Claudio Rama (Univ. de la Empresa-Uruguai)
Dr. Marco Antonio da Silva (Uerj)
Dr.ª Cristiane de Oliveira Busato Smith (Arizona State University /EUA)
Dr.ª Maria Altina da Silva Ramos (Universidade do Minho-Portugal)
Dr.ª Dulce Márcia Cruz (Ufsc)
Dr.ª Maria Joana Mader Joaquim (HC-UFPR)
Dr.ª Edméa Santos (Uerj)
Dr. Reginaldo Rodrigues da Costa (PUCPR)
Dr.ª Eliane Schlemmer (Unisinos)
Dr. Ricardo Antunes de Sá (UFPR)
Dr.ª Ercilia Maria Angeli Teixeira de Paula (UEM)
Dr.ª Romilda Teodora Ens (PUCPR)
Dr.ª Evelise Maria Labatut Portilho (PUCPR)
Dr. Rui Trindade (Univ. do Porto-Portugal)
Dr.ª Evelyn de Almeida Orlando (PUCPR)
Dr.ª Sonia Ana Charchut Leszczynski (UTFPR)
Dr. Francisco Antonio Pereira Fialho (Ufsc)
Dr.ª Vani Moreira Kenski (USP)
Dr.ª Fabiane Oliveira (PUCPR)

Dedico este trabalho aos meus filhos, Emily, Elys Yole, Maryelys, Elyomy, Enyo, Eloy Junior, Everaldo, Bruno e Thiago, pelo carinho e apreço que tenho por vocês. Que sirva de incentivo na busca de novos conhecimentos.

AGRADECIMENTOS

A

Deus, pela sua generosidade para comigo. Por meio Dele, com persistência, coragem e sabedoria, pude concluir este trabalho, dissertação de mestrado, com lisura, dignidade e comprometimento profissional.

Ao

Prof. Aristonildo Chagas Araújo Nascimento (in memoriam), meu orientador, pela significativa contribuição para com o meu trabalho.

À

Prof.ª Dr.ª Sonia Selene Baçal de Oliveira, minha coorientadora, pela sua dedicação, bravura e paciência incansável em acompanhar o meu trabalho.

À

Prof.ª Dr.ª Sonia Maria da Silva Araújo, membro da banca examinadora, pelo esforço de poder contribuir com o meu estudo.

À

Prof.ª Dr.ª Ronney da Silva Feitosa, membro da banca examinadora, por sua prestigiosa colaboração em aceitar fazer parte deste trabalho.

À

Prof.ª Dr.ª Selma Suely Baçal de Oliveira (in memoriam), pró-reitora do Programa de Pós-graduação da Universidade Federal do Amazonas, por quem tenho apreço e respeito, pela sua grande contribuição ao meu trabalho.

À

Prof.ª Dr.ª Arminda Rachel Botelho Mourão, diretora da Faculdade de Educação, pelos debates em sala de aula.

À

Prof.ª Dr.ª Alair dos Anjos Silva de Miranda, pelas excelentes observações realizadas no meu trabalho de qualificação de mestrado.

À

Prof.ª Dr.ª Valéria Augusta Cerqueira de Medeiros Weigel, coordenadora do Curso de Mestrado em Educação, por sua competência, respeito e apreço.

Ao

Prof. Jorge Gregório da Silva (in memoriam), que em vida colaborou grandemente com o meu estudo.

À

Prof.ª Dr.ª Simone Eneida Baçal de Oliveira, pela excelente colaboração para com o meu trabalho.

À

Prof.ª Dr.ª Ana Cristina Fernandes Martins, pela ajuda.

Ao

Prof. Dr. José Aldemir de Oliveira, reitor da Universidade do Estado do Amazonas, pela liberação de quatro meses das minhas atividades docentes para que eu pudesse concluir o Curso de Mestrado.

Ao

Prof. Gedeão Timóteo Amorim, secretário de Educação do estado do Amazonas, pela sua convicção de que, o estudo, a formação continuada, faz parte do nosso quefazer, por reconhecer e liberar este caboclo ribeirinho para fazer o Curso de Mestrado.

Aos

Professores do Programa de Pós-graduação em Educação da Universidade Federal do Amazonas, por trazer novos conhecimentos para minha formação profissional.

Aos

Colegas do Curso de Mestrado, pela troca de ideias e experiências dentro e fora da sala de aula e que muitos me ajudaram para que eu pudesse concluir o curso.

Aos

Meus colegas professores do Centro de Estudos Superiores de Tabatinga/AM, pela colaboração.

Aos

Meus pais, que não estão mais comigo, mas por certo me iluminam todos os dias da minha vida.

Aos

Meus irmãos e irmãs, pela grande ajuda nesta empreitada.

Ao

Prof. Gestor Aldeci de Souza Martins, docentes e discentes da EJA do turno noturno da Escola Estadual Pedro Teixeira pelo apoio.

Aos

Professores, camaradas de luta, **Oziris Guimarães, Edilberto Martins, Marcus Rivas, Luiz Enrique, Reginaldo, Patrícia e Wesley**, pelo incentivo, amizade, respeito e colaboração.

Aos

Colegas colaboradores **Jaspe e Rogério**, pela colaboração na secretaria do PPGE, durante a trajetória do Curso de Mestrado.

A existência, porque humana, não pode ser muda, silenciosa, nem tão pouco pode nutrir-se de falsas palavras, mas de palavras verdadeiras, com que os homens transformam o mundo. Existir humanamente é pronunciar o mundo, é modificá-lo. O mundo pronunciado, por sua vez, se volta problematizado aos sujeitos pronunciantes, a exigir deles novo pronunciar. Não é no silêncio que os homens se fazem, mas na palavra, no trabalho, na ação-reflexão.

(Paulo Freire)

LISTA DE ABREVIATURAS E SIGLAS

AA	Ato Adicional
AM	Amazonas
APMC	Associação de Pais, Mestres e Comunitários
BIRD	Banco Internacional para Reconstrução de Desenvolvimento
BM	Banco Mundial
CONEJA	Congresso Nacional da Educação de Jovens e Adultos
CONFINTEA	Conferência Internacional de Educação de Jovens e Adultos
CEB	Câmara de Educação Básica
CE	Constituição Estadual
CEE	Conselho Estadual de Educação
CF	Constituição Federal
CN	Congresso Nacional
CNE	Conselho Nacional de Educação
CPC	Campanha de Pé no Chão
DL	Decreto Lei
DNE	Departamento Nacional de Educação
DCNEJA	Diretrizes Curriculares Nacionais para Educação de Jovens e Adultos
DPC	Diretrizes da Proposta Curricular
DUDH	Declaração Universal dos Direitos Humanos
EJA	Educação de Jovens e Adultos
EEPT	Escola Estadual Pedro Teixeira
EP	Educação Popular
FP	Fundação Educar

FNDE	Funda Nacional de Desenvolvimento da Educação
FMI	Fundo Monetário Internacional
GEJA	Gerência de Educação de Jovens e Adultos
IBGE	Instituto Brasileiro de Geografia e Estatística
LDB	Lei de Diretrizes e Bases da Educação
MEB	Movimento de Educação de Base
MEC	Ministério da Educação e Cultura
MECP	Movimento de Educação da Cultura Popular
MOBRAL	Movimento Brasileiro de Alfabetização
PC	Proposta Curricular
PEE	Plano Estadual de Educação
PNAC	Programa Nacional de Alfabetização e Cidadania
PNE	Plano Nacional de Educação
SEDUC	Secretaria de Estado da Educação e Qualidade de Ensino
UNESCO	Organização das Nações Unidas para a Educação, a Ciência e a Cultura
ZFM	Zona Franca de Manaus

SUMÁRIO

INTRODUÇÃO 17

1
EDUCAÇÃO DE JOVENS E ADULTOS:
RETROSPECTIVA HISTÓRICA 23
    1.1 A política educacional brasileira sobre a educação de jovens e adultos 23
    1.2 A política do estado brasileiro sobre a formação do educador da EJA 44
    1.3. Políticas públicas para EJA no estado do Amazonas 50

2
PRÁXIS, FORMAÇÃO PROFISSIONAL E FAZER PEDAGÓGICO 65
    2.1 O conceito de práxis e sua relação com processo educativo 70
    2.2 Formação profissional e o fazer pedagógico do educador da EJA 84
    2.3 A práxis do educador na educação de jovens e adultos e o processo de ensino e aprendizagem 101

3
A PRÁTICA PEDAGÓGICA DO EDUCADOR
DA EJA NA ESCOLA ESTADUAL PEDRO TEIXEIRA 111
    3.1 Antecedentes históricos sobre o Município de Tabatinga 112
    3.2 A trajetória da pesquisa sobre a práxis do educador EJA 116
    3.3 O perfil dos educandos da EJA e a prática docente 120
    3.4 Percepção do educador de jovens e adultos sobre trabalho docente 136
    3.5 A relação pedagógica entre educador e educando de jovens e adultos na Escola Estadual Pedro Teixeira 142

CONSIDERAÇÕES FINAIS 147
REFERÊNCIAS 151
APÊNDICES 159
ANEXOS 165

INTRODUÇÃO

O presente trabalho analisa a práxis docente na Educação de Jovens e Adultos (EJA) no município de Tabatinga, Estado do Amazonas. A escolha da temática está relacionada, principalmente, a constatação da inexistência de estudos sobre o referido tema na região do Alto Solimões. Essa opção se deve também à nossa experiência, enquanto docente, responsável em ministrar a disciplina Educação de Jovens e Adultos em instituição de nível superior e ainda, pelo fato de coordenar o Programa de Letramento "Reescrevendo o Futuro", pela Universidade do Estado do Amazonas.

Nas palavras de Arroyo (2006), a reflexão sobre a historicidade da Educação de Jovens e Adultos é fundamental para se pensar e repensar suas relações com a política educacional brasileira. Nesse sentido, é necessário que se leve em consideração o direito à educação dos jovens e adultos, uma vez que, esses direitos são estabelecidos nas leis que regem a educação no país. Assim, os entes federados não podem ficar alheios ao reconhecimento dos seus direitos conquistados com relação a essa modalidade de ensino.

As questões norteadoras do nosso estudo são: quais os reflexos da política de formação docente do Estado brasileiro sobre a práxis do educador da Educação de Jovens e Adultos? A práxis do educador da EJA tem contribuído para o domínio dos conteúdos escolares e para a formação crítica dos educandos frente ao processo de ensino e aprendizagem? Docentes e discentes percebem a necessidade de redimensionar a práxis do educador em relação à busca de novos conhecimentos?

Frente aos questionamentos, o trabalho de pesquisa apresenta os seguintes objetivos: analisar de que maneira se realiza a práxis do educador de jovens e adultos na Escola Estadual Pedro Teixeira; conhecer a política de formação para o educador da EJA; identificar os principais fatores que interferem na práxis do educador da Educação de Jovens e Adultos; analisar o processo de ensino e aprendizagem dos alunos do 3º ano do ensino médio do turno noturno.

O estudo teve como campo empírico a Escola Estadual Pedro Teixeira, em vista congregar maior número de alunos do 3º ano do ensino médio da EJA no turno noturno, instituição situada na Av. Da Amizade, bairro D. Pedro I, no município de Tabatinga, Estado do Amazonas, na Tríplice Fronteira, Brasil, Colômbia e Peru, distante da capital do Estado do Amazonas, 1.105 (mil cento e cinco) quilômetros em linha reta, via aérea, com duração de 2h40, (duas horas e quarenta) e a 1.607 (mil seiscentos e sete) quilômetros, via fluvial, correspondente a cinco a sete dias subindo o rio Solimões e quatro a cinco descendo.

A pesquisa apresenta uma abordagem qualitativa, consubstanciada na perspectiva histórico-crítica, por entendermos que o estudo das contradições da práxis do educador da EJA pode nos proporcionar uma reflexão substantiva nesse campo de investigação.

Os procedimentos metodológicos da pesquisa seguiram os seguintes passos: no primeiro momento foi realizado um levantamento bibliográfico sobre a temática, posteriormente recorremos a autores clássicos e contemporâneos para subsidiar nosso trabalho. No segundo momento, visitamos a Escola Estadual Pedro Teixeira na intenção de nos aproximar dos sujeitos envolvidos no trabalho de campo e realizar a pesquisa exploratória.

No terceiro momento, realizamos a coleta de dados utilizando a técnica da catalogação de documentos como: atas correspondentes aos resultados de aproveitamento de final de ano dos estudantes do 3º ano do ensino médio do turno noturno da EJA, planos de curso construídos pelos docentes, diário de classe, no intuito de verificar os conteúdos trabalhados, matriz curricular correspondente às disciplinas estudadas pelos discentes, principalmente as disciplinas que fazem parte do núcleo comum, as quais são apresentadas pela Secretaria de Educação do Estado do Amazonas.

Posteriormente, foram entrevistados oito docentes na Escola Estadual Pedro Teixeira, os quais trabalham há mais de um ano com a modalidade de ensino EJA. Após a realização dessas atividades, aplicamos formulários para 94 educandos correspondentes às turmas B, E, F e H do 3º ano do turno noturno do ensino médio da modalidade EJA.

Consideramos a técnica de entrevista um mecanismo muito significativo na coleta de dados, porque possibilitou o envolvimento dos sujeitos no processo de investigação, uma vez que os relatos enriqueceram o estudo em questão. Gil (2007, p. 117) assegura que "a entrevista é uma técnica em que o investigador se apresenta frente ao investigado e lhe formulam perguntas com o objetivo de obter dados que interessam a investigação". Fonseca (2010, p. 110) acrescenta: "pode-se considerar que a entrevista se constitui de um instrumento eficaz na escolha de dados fidedignos para elaboração de uma pesquisa, desde que seja bem elaborada, bem realizada e interpretada".

Observamos que as contribuições de Gil e Fonseca são importantes porque contribuem para o enriquecimento do trabalho do pesquisador. Nesse sentido, os formulários aplicados aos discentes nos deram subsídios no sentido de obtermos significativos resultados que consubstanciaram nosso trabalho de investigação.

Nesse aspecto, acreditamos que um dos maiores desafios em relação à construção de alternativas para a Educação de Jovens e Adultos é levar em consideração as trajetórias sócio-étnico-raciais desses sujeitos, reconhecendo seus saberes, pois é necessário que se valorize esse conhecimento empírico, suas experiências de vida, uma vez que valorizados, grande será a contribuição que poderão trazer para o processo de ensino e aprendizagem.

Compreendemos que o educador da EJA, a partir de seu trabalho docente, faz e constrói a sua história por meio de sua própria história de vida, resultante da preocupação que apresenta em construir uma relação com o mundo do saber fazer, do saber construir uma relação na busca de novos conhecimentos. Esse mundo do saber fazer, do querer construir está intimamente relacionado com novos desafios, novas lutas em relação a novas conquistas frente ao processo educativo.

Freire (2006) nos lembra de que a prática docente envolve momento dinâmico, momento dialético entre o fazer e o pensar sobre o fazer certo assim, na prática de formação docente o aprendiz de educador deve compreender que é indispensável pensar certo para superar o ingênuo. O aprendiz poderá aprender a fazer atividades educativas em comunhão com o seu professor formador, buscando saberes necessários à sua formação.

A pesquisa exige do pesquisador fundamentação teórica e prática para subsidiar sua investigação. Exige compromisso profissional, coragem, vontade de ir além do que os livros já dizem. Veiga (1989, p. 17) afirma:

> [...] a prática pedagógica é atividade teórico-prática, ou seja, tem um lado ideal, teórico idealizado enquanto formula anseios onde está presente a vontade humana, e um lado real material, propriamente prático, objetivo.

Apoiado nesse pensar, vemos que o pesquisador deve se nutrir de cuidados no sentido de compreender que o fazer pedagógico requer ação, prática e teórica.

Fonseca (2010, p. 65) assegura:

> [...] a pesquisa científica é um processo reflexivo, sistemático, controlado e crítico que nos leva a descobrir novos fatos e perceber as relações estabelecidas entre as leis que determinam o surgimento desses fatos.

Nosso entendimento sobre o esclarecimento do autor é de que o pesquisador deve ter conhecimento sobre os métodos e as técnicas que serão utilizados no processo investigativo de sua pesquisa, deve ter vasta leitura sobre tipos de conhecimentos, pesquisa científica, métodos e as técnicas que serão utilizadas no processo investigativo.

Diante do exposto, este estudo está organizado em três partes, a saber: a primeira intitulada, "Educação de Jovens e Adultos: retrospectiva histórica no Brasil", onde descrevemos os diferentes contextos sociopolíticos do país, as iniciativas do poder público frente às demandas para a modalidade de ensino EJA.

Na segunda parte, intitulada "Práxis, Formação Profissional e Fazer Pedagógico", onde fizemos uma análise sobre conceitos de trabalho, práxis e formação docente na tentativa de apreender o fazer profissional dos docentes da área da Educação de Jovens e Adultos. Na terceira parte, apresentamos a análise dos dados da pesquisa de campo, apresentando os aspectos socioeconômicos da cidade de Tabatinga.

Em seguida, apresentamos o entendimento sobre a percepção do educador frente às condições para a realização do trabalho docente, a relação pedagógica entre educador e educando, bem como a reflexão sobre a prática profissional do educador da EJA e sua relação com a formação do educando.

1

EDUCAÇÃO DE JOVENS E ADULTOS: RETROSPECTIVA HISTÓRICA

1.1 A POLÍTICA EDUCACIONAL BRASILEIRA SOBRE A EDUCAÇÃO DE JOVENS E ADULTOS

A história da educação brasileira nos remete a uma abordagem frente às mudanças econômicas, políticas, sociais e culturais que caracterizam diferentes momentos na vida do país. A educação de um modo geral é influenciada por esses aspectos, os quais contribuem significativamente no processo da formação humana, caracterizado pelos elementos constituintes da sociedade brasileira.

O período colonizador foi caracterizado pela divisão das terras em Capitanias Hereditárias, onde o rei detinha o poder político e econômico. O regime colonial estabeleceu o monopólio comercial inibindo o mercado interno brasileiro sobre qualquer tipo de produção fabril.

A professora Ana Maria Freire (2001), em seu livro, *Analfabetismo no Brasil*, apresenta 38 proibições contra o mercado interno brasileiro, onde os portugueses estabeleceram o monopólio comercial. Frente a esse momento histórico, a educação surge com o objetivo de tornar a população dócil e submissa diante às ordens impostas. Freire (2001, p. 33) contribui:

> Docilizando a população nativa e os filhos dos colonos através da domesticação, da repressão cultural e religiosa, os jesuítas serviam à empresa exploradora lusa com a visão maniqueísta do mundo. Domes-

> ticando através das interdições, sobretudo as do corpo, superestimaram o incesto, o canibalismo e a nudez introjetaram comportamentos de submissão, obediência, hierarquia, disciplina, devoção cristã, imitação e exemplo. Serviram para isso das práticas de batismo, confissão, admoestação particular ou pública do púlpito, casamentos, missa, comunhão, confirmação, pregações, procissões, rezas, jejuns, flagelações, teatralizações e ensino da vida ascética e de pobreza acintosa como viviam eles, os jesuítas.

A contribuição de Freire nos permite refletir sobre os mecanismos pelos quais os jesuítas impuseram seus valores à sociedade brasileira. Pode-se afirmar que o maior interesse dos jesuítas era domesticar e dominar os nativos. Para isso, utilizaram de aparatos ideológicos no sentido de implantar um modelo de educação que correspondessem a seus interesses. Nesse sentido, descaracterizava a cultura local de um povo por meio da implantação de um novo modelo de crença e de hábitos, pouco a pouco aquela sociedade ia esquecendo o seu antigo modo de vida. A educação brasileira tem vivido vários momentos históricos, Brasil Colônia, Império e República, momentos que desde 1549 tem se apresentado como um país de muitos, porém, com direitos sociais para poucos. Compreendemos que a educação é um grande instrumento de poder, inclusive ideológico, mas observa-se que ocorreram despreocupação frente ao processo educativo com o povo brasileiro.

Acreditamos que a educação pode ser um instrumento de liberdade e de aprendizagem para todos, desde que o processo ideológico de cada governo não esteja voltado para o processo de dominação da sociedade. Entendemos que uma sociedade sem conhecimento de seus direitos e deveres fica distante de suas conquistas sociais e pode ser manipulada com facilidade. Paiva (1985, p. 23), em seu livro *Educação Popular e Educação de Adultos*, afirma:

> A importância da educação como instrumento ideológico poderoso é muito clara tanto para quem detém o poder quanto para aqueles que pretendem dis-

putá-lo. A diferença, quanto a possibilidade de sua utilização, reside no fato de que, os detentores do poder político se encarregam de determinar a política educacional a ser seguida, os programas a serem promovidos ou estimulados e o conteúdo ideológico dos mesmos. Para os que disputam o poder, a educação é um instrumento somente quando as contradições do sistema, as crises, o clima de efervescência ideológica chegou a um ponto em que programas educacionais podem ser controlados por aqueles que se opõem a ordem vigente. Tamanha importância atribuída ao setor educativo como instrumento de mudança social – associado, portanto, às lutas políticas – só pode ser encontrada em sociedades onde a instrução popular não se generalizou, onde o sistema educacional vigente não absorveu toda a demanda real e potencial por educação elementar.

Em relação ao pensamento da autora, é importante assinalar que a educação formal enquanto instrumento ideológico serve aos interesses das classes dominantes, isso porque se distancia dos interesses das classes populares que estão menos organizadas politicamente e economicamente, e ainda sentem-se oprimidas pelo poder político e econômico deste país. Defendemos a tese de que a educação deve ser consolidada como espaço de mudanças e não de dominação.

Podemos dizer que apesar da ausência de estrutura na educação, as mudanças no processo educativo de 1549 a 1570 podem ser consideradas como um momento pioneiro da história da educação brasileira, pois nesses períodos abriram-se escolas para os índios e para os filhos de colonos, brancos e mamelucos, para o aprendizado da língua portuguesa, da doutrina cristã, do ler e escrever, do canto orfeônico, da música instrumental, do teatro, da dança, do aprendizado profissional e agrícola e das aulas de gramática para os mais hábeis. Pode-se afirmar que as "oportunidades" foram autorizadas pelo Regimento de D. João III, onde essas ofertas contribuiriam timidamente para o aprendizado dos menos favorecidos.

Ainda nessa compreensão, observa-se que essas "oportunidades" foram tímidas para atender aqueles que necessitavam de ensino e aprendizagem. Esse processo lento e tímido da educação fez com que milhares de brasileiros e brasileiras deixassem de aprender a ler e a escrever, bem como ocorre em nossos dias. Para a professora Ana Maria Freire (2001, p. 174):

> A primeira Constituição republicana promulgada em 24 de fevereiro de 1891 não se preocupou com a educação em geral, nem com o ensino, em particular. Praticamente referendou a responsabilidade dos Estados para com os ensinos primário e normal como vinha acontecendo por força do Ato Adicional, desde 1834. O técnico profissional também ficou por conta dos Estados. A responsabilidade do ensino secundário de todo país passou a ser dever da União, acrescentando-se a do superior. No Distrito Federal, continuando a tradição, o governo da União, incumbir-se-ia dos níveis primário, secundário e superior.

Segundo a autora, a Constituição de 1891 não estabeleceu novos direitos no campo da política educacional, pois 85% dos brasileiros eram analfabetos, sendo excluídos de seus direitos de aprender. Nesse período, a educação era privilégios de poucos, uma vez que a maioria das mulheres eram excluídas dos seus direitos e do processo educativo, inclusive, não gozavam do direito de voto.

Para a classe dominante, os homens analfabetos eram considerados incapazes de pensar e decidir situações-problema, o que impedia de serem reconhecidos como cidadãos brasileiros. Os mendigos poderiam até ser alfabetizados, porém excluídos, porque não faziam parte da massa trabalhadora produtiva. Observamos que esse processo de discriminação atingia a todos os que não sabiam ler e escrever. Di Pierro e Haddad (2000, p. 109) contribuem:

> O direito que nasceu com a norma constitucional de 1824, estabelecendo a garantia de uma escolarização básica para todos, não passou da intenção legal.

> Essa distância entre o proclamado e o realizado foi agravada por outros fatores. Em primeiro lugar, porque o período do império só possuía cidadania uma pequena parcela da população pertencente à elite econômica, à qual, admitia administrar à educação primária como direito, ficavam excluídos negros, indígenas e grande parte das mulheres. O Ato Adicional de 1824, delegou a responsabilidade dessa educação básica às Províncias, reservou ao governo imperial o direito sobre a educação das elites, praticamente delegando à instância administrativa com menores recursos o papel de educar a maioria mais carente.

Para os autores, o Ato adicional de 1824, ao descentralizar as responsabilidades quanto ao direito à educação pública, reforça o processo de exclusão das classes populares, pois as províncias possuíam características distintas, principalmente em relação ao processo de desenvolvimento econômico, ou seja, a maioria das províncias não possuíam recursos suficientes para garantir a escolarização básica da população. Importante destacar que o Brasil nessa época apresentava um percentual de 82% de analfabetos acima de cinco anos de idade.

Miranda (2003, p. 64) constata que: "o estudo retrospectivo do contexto histórico do sistema educacional do nosso país, confirma que os modelos de políticas educacionais se configuram como ações precedentes às questões políticas econômicas". Sobre a constatação da autora, podemos afirmar que em termos de política educacional pouco avançamos no que tange a garantia dos direitos à educação. Afirma ainda a autora que historicamente ocorreu o seguinte:

> Somente à classe dominante era reservado o direito à educação e ainda, de forma excludente, vez que estavam alijados do processo educacional, as mulheres e os filhos primogênitos das famílias patriarcais. A justificativa de tal exclusão era a concepção de que as mulheres deveriam ser "prendadas" e preparadas para o casamento, sua "missão principal". E quanto aos primogênitos, sucessores natos da administração

dos bens e riquezas da família teriam que, neste caso, entenderem desde jovens todo esse mecanismo de comando. (MIRANDA, 2003, p. 65).

A afirmação demonstra que a educação estava voltada para atender os interesses das classes dominantes e esse tipo de dominação está relacionada pela formação das elites, onde essa classe assume os cargos públicos na estrutura administrativa do país.

É importante destacar que os estudos de Freire (2001) apontam que o Brasil em 1878 apresentava as piores condições em relação à instrução escolar, se comparado com a Guiana Inglesa em 1858, e com as Filipinas em 1863. Nesse período, o país apresentava grande dependência política e econômica em relação aos outros países, principalmente com os Estados Unidos.

No período citado, a educação era tipicamente tradicionalista, sem qualidade, sem benefícios para os menos favorecidos. Afirma Paiva (1985) que as consequências de tal política se fizeram sentir por meio da perpetuação do sistema elementar do ensino provocando a reação ao preceito constitucional, principalmente a partir da Primeira Guerra Mundial. Maria Clara Di Pierro e Sergio Haddad destacam:

> A Constituição de 1891, primeiro marco legal da República brasileira, consagrou uma concepção de federalismo em que a responsabilidade pública pelo ensino básico foi descentralizada das Províncias e dos Municípios. A União reservou-se o papel de "animador" dessas atividades, assumindo uma presença maior no ensino secundário e superior. Mais uma vez garantiu-se a formação das elites em detrimento de uma educação para as amplas camadas sociais marginalizadas, quando novamente as decisões relativas à oferta do ensino elementar ficaram dependentes da fragilidade financeira das Províncias e dos interesses das oligarquias regionais que às controlavam politicamente. (DI PIERRO; HADDAD, 2000, p. 109).

Podemos afirmar que apesar de a Constituição de 1891 ser um marco republicano tendo como intenção a ampliação do ensino, as mudanças educacionais foram tímidas em relação aos interesses dos menos favorecidos. Durante esse período constitucional ocorreram várias reformas em defesa da educação brasileira, porém as oportunidades para a Educação de Jovens e Adultos não foram consolidadas.

Segundo a professora Alair Miranda (2000), a preocupação do governo era oportunizar o crescimento da oferta de vagas no aspecto quantitativo em vez do qualitativo, nesse sentido, o ensino persistiu em descompasso em vista das exigências do desenvolvimento econômico e social do país. A organização do ensino continuou sendo imposta à sociedade pelas classes dominantes, visando atender seus próprios interesses.

A Educação de Jovens e Adultos somente veio se firmar como problema de políticas públicas no ano de 1940, por meio das lutas dos educadores brasileiros, os quais defendiam e buscavam novas mudanças e alternativas para que a educação chegasse a todos sem discriminação de classe, raça, cor ou credo religioso. A luta dos educadores era em prol de uma educação de qualidade e para todos.

As mudanças educacionais foram ocorrendo não pela vontade dos governos ou pelo próprio interesse político, mas pela vontade dos movimentos populares organizados na sociedade brasileira, porque estavam preocupados com a falta de atenção dada pelos governos à educação brasileira aos menos favorecidos.

A vontade dos educadores comprometidos com o processo de mudanças do ensino no Brasil era de atender a todos em iguais condições de direitos. O Movimento dos Pioneiros da Educação Nova foi um grande exemplo em defesa dos novos ideais educacionais, porque defendiam a educação para todos, em todos os níveis de ensino com direitos e condições de igualdade de aprender com um processo de aprendizagem menos tradicional.

Na década de quarenta durante o governo Vargas criou-se a Campanha Nacional em defesa dos jovens e adultos analfabetos. Essa campanha foi aprovada pela Portaria n. 57 do Ministério da

Educação, dotada de 30 de janeiro de 1947. Esse documento criava o Departamento Nacional de Educação (DNE) com o objetivo de atender o serviço de educação de adultos. Pode-se dizer que Lourenço Filho encampou a luta em defesa do ensino, no intuito de ajudar as pessoas que viviam à margem da vida nacional. Sobre o assunto, Paiva (1985, p. 160) afirma:

> Com a vitória dos ideais democráticos e a reorganização da política interna organizada por Vargas e mantida a sua deposição trouxeram a baila o problema da educação da massa como instrumento de construção de uma sociedade democrática. A nova ordem cuidava de tornar mais sólida através de uma estratégia educacional. Além disso, não se tratava mais de uma discussão no vazio, mas da escolha de uma diretriz política para um amplo programa de adultos.

Percebe-se que as intensificações das campanhas em defesa da educação de adultos fizeram com que houvesse maior abertura para se projetar o ensino na modalidade de jovens e adultos no país. No período de 1940 a 1950 assistimos grandes manifestações sobre esse tipo de ensino, porém, no governo de Juscelino Kubitschek não se observa qualquer manifestação no campo da educação de adultos.

Nesse governo, as preocupações estão voltadas para a formação do técnico-profissional porque as metas do governo focam as novas tecnologias industriais. Miranda (2003, p. 77) evidencia que "a Constituição de 1946 resgata várias ideias do Movimento dos Pioneiros da Educação". Nesse período, o Estado retoma o lugar de ator principal da ação educativa propondo alternativas para a melhoria do ensino brasileiro.

Pode-se dizer que as lutas empreendidas, as campanhas realizadas em prol da educação de adultos com Lourenço Filho, Fernando de Azevedo em defesa do ensino de qualidade fizeram com que as reformas fossem acontecendo em vários estados brasileiros. Esses profissionais da educação expuseram a necessidade de serem aprovadas legislações específicas para educação tomando iniciativa de divulgar a sociedade brasileira a situação do país em relação à qualidade da educação no Brasil.

Com a aprovação da Lei de Diretrizes e Bases da Educação Nacional LDB/4.024/61, a educação de jovens e adultos ganha novos enfoques por meio de movimentos políticos, sociais, culturais, os quais tinham consciência de que a classe trabalhadora menos favorecida precisava de uma educação de melhor qualidade. Nesse período surgem vários movimentos, entre os quais: Movimento de Educação de Base (MEB), Movimento de Educação da Cultura Popular (MCPC), Campanha "De pé no chão também se aprende a ler" (CPC). Todos esses movimentos contavam com o apoio do governo, mas em março de 1964, os militares, ao tomarem o poder por meio de um Golpe de Estado descaracterizaram o processo de aprendizagem dessa modalidade de ensino. Com o referido Golpe Militar, todos os movimentos em defesa da educação foram extintos. Di Pierro e Haddad (2000, p. 113) afirmam:

> O golpe militar de 1964 produziu uma ruptura em função da qual os movimentos de educação e cultura populares foram reprimidos, seus dirigentes, perseguidos, seus ideais, censurados. O Programa Nacional de Alfabetização foi interrompido e desmantelado, seus dirigentes, presos e seus materiais apreendidos. A Secretaria Municipal de Natal foi ocupada, as principais lideranças foram presas. A atuação do Movimento de Educação de Base da CNBB foi sendo tolhida não só pelos órgãos de repressão, mas também pela própria hierarquia católica.

Fica claro que as medidas tomadas pelos governos militares nos anos 60 e 70 em relação à Educação de Jovens e Adultos era de não oportunizar o conhecimento à sociedade de menor poder econômico, seu verdadeiro interesse era de extinguir qualquer conhecimento que viesse contribuir com emancipação das camadas populares.

Os militares extinguiram todo um trabalho popular realizado por vários seguimentos sociais, movimentos e associações; estes estavam a serviço do desenvolvimento do seu país sofreram grandes retrocessos em detrimento da mudança e imposição do governo militar.

Miranda (2003, p. 79) evidencia que,

> [...] a chamada Revolução Brasileira ocorrida em 1964 comandada por militares foi consequência de uma série de conflitos que vinham ocorrendo desde 1920, efetivando o rompimento com o sistema oligárquico e populista implantado por Vargas em 1930.

Contrariando o pensamento ideológico dos militares, os Pioneiros da Educação apresentam à sociedade brasileira uma bandeira de luta sobre novas ideais pedagógicas.

Esses profissionais da educação, desde a época de 1920, vinham se organizando e trabalhando em defesa do analfabetismo e da educação de adultos para melhoria educacional no país. Procuravam a cada momento político mudar o pensamento da sociedade afirmando que uma sociedade sem educação não será livre e democrática.

Podemos afirmar que as condições educacionais oferecidas pelo governo e ao povo brasileiro eram consideradas uma das piores da América Latina. Os Pioneiros aproveitaram o momento e fizeram uma abordagem sobre os problemas educativos existentes na intenção de contribuir para solucionar graves problemas na educação do país.

A busca de novos métodos para o ensino se fez dentro de uma perspectiva do "otimismo pedagógico", ideia dominante entre os pedagogos formados sobre influência do movimento renovador. Essas novas ideias e métodos para o ensino de jovens e adultos estiveram sempre relacionados com a promoção da cultura popular. Nesse período, o pensamento de Paulo Freire foi muito influente e significativo para o processo de alfabetização de adultos. Sua proposta de ensino partia de uma visão de crítica de mundo, observando e verificando o meio em que estavam inseridos os aprendizes.

No intuito de alfabetizar os não alfabetizados, o regime militar implantou no país o Movimento Brasileiro de Alfabetização (MOBRAL). O objetivo dos militares com esse Programa era erradicar o analfabetismo em todo território nacional, o que não aconteceu por falta de vários fatores, entre os quais, a falta de profissionais qualificados, escolas com estrutura ineficiente, material didático não apropriado, falta de metodologia própria para cada região.

Para o Programa de Alfabetização, os militares utilizaram uma metodologia copista, diferente da arte do pensar, do refletir para conhecer o seu mundo, o mundo em que o sujeito está inserido. Os militares tentaram copiar a proposta de Paulo Freire, mas desviaram-se dela, no intuito de o processo de alfabetização servir ao sistema político de governo, como processo de dominação. É importante salientar que o MOBRAL foi criado pela Lei 5.379 de 15 de dezembro de 1967 e trazia algumas características como afirmam Di Pierro e Haddad (2000, p. 115)

> O MOBRAL foi implantando com três características. A primeira delas foi o paralelismo em relação aos demais programas de educação. Seus recursos financeiros também independiam de verbas orçamentárias. A segunda característica foi a organização operacional descentralizada, através de Comissões Municipais espalhadas por quase todos os municípios brasileiros, e que se encarregaram de executar as campanhas nas comunidades, promovendo-as, recrutando analfabetos, providenciando salas de aula, professores e monitores. Eram formados pelos chamados "representantes" das comunidades, os setores sociais da municipalidade mais identificados com a estrutura do governo autoritário: as associações voluntárias de serviços, empresários e parte dos membros do clero. A terceira característica era a centralização de direção do processo educativo, através da Gerência Pedagógica do MOBRAL Central, encarregada da organização, da programação, da execução e da avaliação do processo educativo,

como também do treinamento do pessoal para todas as fases, de acordo com as diretrizes que eram estabelecidas pela Secretaria Executiva.

Podemos afirmar que no período de 1960 e 1970 ocorria o auge do poder autoritário dos governos militares no Brasil. O MOBRAL foi apresentado à sociedade brasileira como promessa de resolver o problema do analfabetismo no país. O objetivo era em dez anos acabar com esse crônico problema, porém, não ocorreu o discursado. Di Pierro e Haddad (2000) afirmam que esse programa foi classificado como "vergonha nacional", porque não resolveu a questão do analfabetismo no país.

O Programa de governo chamado MOBRAL foi colocado à sociedade como uma imposição, uma vez que não houve a participação dos educadores em sua discussão e aprovação. O pensamento dos militares sobre o MOBRAL era de que oportunizaria aos analfabetos valorização e qualificação para o trabalho, para que esses trabalhadores pudessem enfrentar o mercado de trabalho mais qualificados, uma vez que o Brasil vivia em uma fase de transição econômica sobre o fortalecimento do modelo industrial.

O Decreto Lei n. 62.484, de 29 de março de 1968, em seu artigo 1º afirma: "O Movimento Brasileiro de Alfabetização terá como finalidade a execução do Plano de Alfabetização Funcional e Cultura Continuada de Adolescentes e Adultos". Pouco ou quase nada aconteceu de mudanças significativas, pois no fim da década de 70 o programa passou por modificação nos seus objetivos no sentido de melhorar adequar a realidade dos indivíduos, porém as modificações não tiveram sucesso.

O Movimento Brasileiro de Alfabetização (MOBRAL) não conseguiu atingir sua meta e nem atender adequadamente as necessidades propostas para milhões de jovens e adultos em todo território nacional, pois não havia locais de ensino apropriados, nem professores qualificados que pudessem contribuir para a formação crítica do educando.

Com a Lei de Diretrizes e Bases da Educação (LDB), 5.692, de 11 de agosto de 1971, consolida uma significada parcela do projeto educacional militar. No artigo 4º, regulamenta o Ensino Supletivo para suprir a escolarização regular e promover crescente oferta de educação continuada. O Parecer 699, de 28 de julho de 1972, do Conselheiro Valnir Chagas, segundo Leôncio Soares, em seu artigo, "A política educacional para jovens e adultos em Minas Gerais (1991-1996)", diz que este parecer "estabeleceu uma doutrina para o ensino supletivo" ficando na responsabilidade dos governos estaduais. Di Pierro e Haddad (2000) apresentam três princípios considerados forças que caracterizaram o ensino superior nos anos 70, vejamos:

> O primeiro princípio foi a definição do ensino supletivo como um subsistema integrado independente do Ensino Regular, porém como este intimamente relacionado, compondo o Sistema Nacional de Educação e Cultura. O segundo princípio foi o de colocar o Ensino Supletivo, assim como toda a reforma educacional do regime militar, voltado para o esforço do desenvolvimento nacional, seja "integrando pela alfabetização considerada mão-de-obra marginalizada, seja formando a força de trabalho. A terceira "ideia-força" foi a de que o Ensino Supletivo deveria ter uma doutrina e uma metodologia apropriadas aos "grandes números característicos desta linha de escolarização" (p. 177).

O ensino supletivo foi apresentado à sociedade brasileira como um projeto de escola do futuro compatível com a modernização socioeconômica do país, assim preconizavam os militares. Frente a essa questão, Paiva (1985) evidencia que a pretensão do governo militar em relação a esse plano de ensino era atender 11.400,000 analfabetos de 1968 a 1975. Observamos que, com a aprovação da Lei n. 5.692/71, mais uma vez os militares não cumpririam o prometido à sociedade.

Miranda (2003) acrescenta que o governo federal tinha como meta acabar com o analfabetismo no Brasil, uma vez que a taxa correspondente aos que não sabiam ler e escrever nesse período era muito significativa. Percebemos que durante a vigência de 22 anos do governo ditatorial pouca coisa mudou em relação ao melhor atendimento do povo não escolarizado desse país.

É importante ressaltar que a intenção dos militares era atender a estudantes na faixa etária de 15 a 35 anos, mas os instrumentos utilizados por esse sistema de ensino caracterizavam-se por uma prática extremamente centralizadora e verticalizada com utilização de cartilhas, avaliação de aprendizagem centralizadora, a qual prejudicava o aprendizado dos estudantes em vista as cobranças e aplicação de testes fora da realidade dos estudantes.

Esse tipo de ensino foi organizado com quatro funções: suplência, suprimento, aprendizagem e qualificação. Essas quatro funções pouco contribuíram para aprendizagem dos discentes, primeiro porque não se percebeu em que supriu as necessidades educacionais, segundo porque o processo de ensino e aprendizagem não atendeu aos anseios dos alunos e nem dos professores. Di Pierro e Haddad (2000, p. 117) observam que:

> A suplência tinha como objetivo "suprir a escolarização regular para os adolescentes e adultos que não atenham seguido ou concluído na idade própria" através de cursos e exames. O suprimento tinha por finalidade "proporcionar, mediante repetida volta à escola, estudos de aperfeiçoamento ou atualização para os que tenham seguido o ensino regular no todo em parte". A aprendizagem correspondia à formação metódica no trabalho, e ficou a cargo basicamente do SENAI e do SENAC. A qualificação foi a função encarregada da profissionalização que, sem ocupar-se com a educação geral, atenderia ao objetivo prioritário de formação de recursos humanos para o trabalho. O funcionamento dessas quatro modalidades deveria se realizar tomando por base duas intenções: atribuir uma clara finalidade aos cursos e exames que visassem à formação e ao aperfeiçoamento para o trabalho; e a liberdade de organização, evitando-se assim que o Ensino Supletivo resultasse um "simulacro" do ensino regular.

Essas dimensões para a Educação de Jovens e Adultos revelam as intencionalidades adotadas pelos governos militares em que foi privilegiada uma perspectiva utilitarista da educação, sem contudo levar em conta a experiência e a valorização dos profissionais envolvidos no processo educativo, muito menos reconhecer a realidade dos educados e as organizações da sociedade civil brasileira.

O MOBRAL ficou desacreditado nos meios políticos e educacional e foi extinto em 1985. Desacreditado porque não cumpriu o que preconizava a Lei n. 5.692/71 em relação ao ensino de adultos. Podemos afirmar que no fim da década de 80 a educação de adultos passa a ser denominada Educação de Jovens e Adultos em vista de procurar atender uma camada social mais jovem.

O artigo 208 da Constituição Brasileira de 1988 representou para o EJA avanço significativo, uma vez que declara o direito à educação para todos. Por outro lado, a política do governo federal na segunda metade dos anos 90 não apresentou importância significativa para essa modalidade de ensino. Diante desse quadro, as políticas implementadas no Brasil não foram capazes de atingir a todos os brasileiros de forma igualitária.

Nesse processo de mudanças, o governo Fernando Collor de Mello (FCM) toma decisão de extinguir a Fundação Educar, causando espanto aos órgãos públicos, entidades civis e conveniadas. A posição desse governo em relação à Educação de Jovens e Adultos deixa clara a falta de compromisso com a educação. Di Pierro e Haddad (2000) nos dizem que a medida representou um marco no processo de descentralização da escolarização básica de jovens e adultos, pois embora não tenha sido negociada entre as esferas do governo, ocorreu a transferência de responsabilidade pública dos programas de alfabetização e pós-alfabetização da União para os municípios.

Expõe Volpe (2010, p. 20) em sua tese de doutorado sobre financiamento da educação de jovens e adultos: "embora o Governo de Collor tenha prometido a implementação do Programa Nacional de Alfabetização e Cidadania (PNAC), este não passou de algumas ações isoladas". Muito pior ocorreu em defesa da Educação de Jovens e Adultos que não houve compromisso solidificado por parte do governo que atendesse a contento essa modalidade de ensino.

Continua Volpe (2010, p. 20), "em 1993, no Governo de Itamar Franco, concluiu-se o Plano Nacional de Educação para todos fixando-se metas ambiciosas de combate ao analfabetismo e expansão da escolaridade para jovens e adultos", porém não passou de boas intenções de seu governo, pois as metas propostas por Collor se tornaram fiascos pela falta de dispositivos que assegurassem os recursos necessários para a sua sustentabilidade.

No governo de Fernando Henrique Cardoso (FHC), em meados dos anos 90, também não priorizou uma política educacional para jovens e adultos, os recursos destinados a essa modalidade de ensino foram distribuídos para alguns subgrupos sociais e regiões mais pobres, a exemplo do Programa de Alfabetização Solidária (PAS).

No referido governo ocorreram discussões sobre o Plano Decenal de Educação, mas o que se percebe é que, durante oito anos de mandato, Fernando Henrique Cardoso não colocou em evidência o que preconizava o referido plano. Este, porém, ficou estagnado, demonstrando falta de vontade política para implementar políticas públicas relacionadas à Educação de Jovens e Adultos.

O então presidente ignorou os acordos firmados anteriormente com a sociedade brasileira e passou a defender uma reforma político-institucional da educação pública. No que tange à educação de jovens e adultos, foram apresentados três desafios, segundo Di Pierro e Haddad (2000), havia um plano de governo que tinha como objetivo: "resgatar a dívida social representada pelo analfabetismo, erradicando-o; treinar o imenso contingente de jovens e adultos para a inserção do mercado de trabalho; e criar oportunidades de educação permanente". Nenhum dos destaques foi concretizado pelo referido governo, apresentando boas intenções, entretanto, na prática pouca coisa ou quase nada se efetivou.

> Essas informações demonstram que o desafio da expansão do atendimento na educação de jovens e adultos já não reside apenas na população que jamais foi à escola, mas se estende àquela que frequentou

> os bancos escolares, mas neles não obteve aprendizagens suficientes para participar plenamente da vida econômica, política e cultural do país e seguir aprendendo ao longo da vida. Cada vez torna-se claro que as necessidades básicas de aprendizagem dessa população só podem ser satisfeitas por uma oferta permanente de programas que, sendo escolarizados, necessitam de continuidade para superar o modelo dominante nas campanhas emergenciais, e a curto prazo recorrer à mão-de-obra especializada. Essas características marcaram a maioria dos programas da história de educação de jovens e adultos no Brasil. (DI PIERRO; HADDAD, 2000, p. 126).

Vários foram os programas educativos apresentados à sociedade pelos governos brasileiros no decorrer das últimas décadas, porém o dilema da Educação de Jovens e Adultos infelizmente continua. Percebemos que a falta de interesse, vontade política e compromisso dos governos deixam a população de baixa renda excluída das políticas públicas permanentes no que tange à educação.

Entendemos que é necessária uma mobilização a nível nacional, onde a sociedade civil esteja presente e se mobilize no sentido de pressionar o Poder Público federal, estadual e municipal para que se cumpra o que determinada a Constituição Federal (CF) e a Lei de Diretrizes e Bases da Educação Nacional (LDB) 9394/96. É importante dizer que ainda acreditamos que por meio de uma grande mobilização nacional envolvendo a sociedade civil e as instituições de todos os níveis de ensino, certamente poderemos melhorar a qualidade de ensino neste país.

Considramos importante destacar que a história dos direitos constitucionais em relação à educação vem se arrastando desde a Constituição Republicana de 1891 e nessa linha de raciocínio entendemos que por falta de cumprimento desses preceitos legais, das oportunidades dos direitos estudantis, da formação de professores e educadores o ensino padece pela falta de serem assegurados esses dispositivos legais das legislações em vigor.

Várias são as questões emergentes que devem ser observadas para que o processo educativo avance, entre as quais: a falta de materiais didáticos adequados para o ensino, assistência didática ao professor, qualificação profissional, escolas estruturadas, salários dignos a todos envolvidos no processo educativo. Essas questões são fatores fundamentais e indispensáveis ao ensino brasileiro para que se tenha uma educação de qualidade.

O Parecer CNE/CEB 11/2001, baseado na Constituição Brasileira de 1988, no artigo 3, afirma: "constitui objetivos fundamentais da República Federativa do Brasil: "promover o bem de todos, sem preconceitos de origem, raça, sexo, cor, idade e qualquer forma de discriminação". O artigo 206 da referida constituição assegura: "o ensino será ministrado com base no seguinte princípio: 'igualdade de condições de acesso e permanência na escola'". O artigo 208 preconiza: "o dever do Estado com a educação será efetivado mediante a garantia de: 'ensino fundamental obrigatório e gratuito, inclusive para os que a ele não tiveram acesso na idade própria'".

A Lei de Diretrizes e Bases da Educação 9.394/96, em seu artigo 2º estabelece:

> [...] a educação, dever da família e do Estado, inspirada nos princípios de liberdade e solidariedade humana, tem por finalidade, o pleno desenvolvimento do educando, preparo para o exercício da cidadania e qualificação para o trabalho.

No inciso I, do referido artigo, afirma-se: "a igualdade de condições para o acesso e permanência na escola de todos sem discriminação de raça, cor e credo religioso".

No inciso II, declara que deve haver valorização do profissional da educação escolar. É importante destacar que todos os direitos do profissional da educação são assegurados pelas legislações pertinentes da educação, porém quase sempre não colocadas em prática.

Observa-se que as leis, decretos, pareceres, resoluções que preconizam o ensino de jovens e adultos ainda continuam nas intenções políticas dos governos, na verdade, a falta de investimento público ainda persiste como fator quase que determinante na melhoria do ensino para a sociedade brasileira. Observa-se ainda, que a cada momento da história da educação, a cada processo de transição de governo, as promessas em relação a melhoria da educação são intensas, porém a ação, a prática, a sua efetivação não atende essa parcela da população, ficando sempre em terceiro plano. Os discursos neoliberais são de certa forma elegantes, envolventes e dominantes e conseguem envolver a sociedade de baixa renda, de pouco leitura e de pouco visão de mundo, deixando-a refém de seus poderes.

É importante destacar que nenhuma sociedade do mundo conseguiu resolveu seus problemas internos e externos sem que primeiro houvesse grande investimento na educação. No entendimento de Gadotti (2008) não há país que tenha encontrado soluções para seus problemas educacionais sem resolver os problemas da educação de adultos e da alfabetização. Um governo que assume compromisso com a justiça social e pretende desenvolver o país de forma sustentável precisa dar prioridade ao cidadão excluído. Gadotti (2008, p. 21) assegura:

> Uma longa caminhada começa com um pequeno passo, e esse primeiro passo é acreditar na educação de jovens e adultos. Tivemos até bem pouco uma política governamental que desvalorizava a EJA com os argumentos de que: os analfabetos não demandam alfabetização, a alfabetização não influi no rendimento das pessoas e nem na busca por emprego, para o governo, o investimento é muito mais que o retorno.

O país precisa encontrar caminhos viáveis para solucionar os problemas emergentes da Educação de Jovens e Adultos, deve buscar alternativas para que, por meio da educação avance tecnologicamente, culturalmente, educacionalmente para ser considerado um país de primeiro mundo. A Declaração de Hamburgo em 1997 aponta vários aspectos em relação a EJA, entre os quais, defende o processo de aprendizagem formal ou informal para todos os que dela necessitam.

A V Conferência Internacional sobre Educação de Jovens e Adultos (V CONFINTEA) defende o papel indispensável do educador com formação específica para trabalhar com essa modalidade de ensino. Afirma ainda que a diversidade de experiência assume o caráter público da EJA. Considera importante essa modalidade de ensino para a cidadania, reafirmando a responsabilidade do Estado frente às necessidades específicas dessa modalidade de ensino frente ao processo de ensino e aprendizagem.

Observamos ao longo de anos que o Ministério da Educação (MEC) tem procurado envolver a escola pública destacando a Educação de Jovens e Adultos, mas percebe-se que as exigências são mais do que as próprias ações desse Ministério. Afirmamos que as escolas públicas estaduais e municipais precisam de melhor estruturação física, orientação curricular, currículo próprio que atenda às especificidades da EJA.

Reconhecemos que no governo do presidente Luiz Inácio Lula da Silva houve alguns esforços no sentido de atender à Educação de Jovens e Adultos, alfabetizados e não alfabetizados, criando o Programa Brasil Alfabetização. Esse programa tinha como objetivo erradicar o analfabetismo no país, porém as ações não foram suficientes para atender todos os excluídos do processo educativo. Acreditamos que para atender essa modalidade de ensino, seja necessário um programa voltado especificamente para esse campo educativo onde seja levado em conta a cultura, os hábitos e costumes de cada região.

Temos certeza, se houver investimentos em todos os aspectos do processo educativo para essa camada social excluída e o governo oferecer uma política de sustentação econômica que atenda às necessidades dos educadores sobre melhores condições de trabalho, salários dignos, formação continuada, certamente a qualidade do ensino será muito melhor no país. Nesse aspecto, podemos levar em consideração o pensamento de Gadotti (2008) quando afirma que não atender ao adulto é negar duas vezes o direito à educação, primeiro na chamada idade própria como preconiza a LDB 9.394/96, e depois na idade adulta.

Nas últimas décadas houve pequenas alterações em relação à EJA, mudanças relacionadas a oportunidades de trabalho, investimentos, políticas públicas implementadas de combate à pobreza, porém insuficientes para atender às necessidades dos profissionais da educação dessa especificidade de ensino. Acreditamos que o Brasil poderá dar um salto de qualidade ao ensino se investir em novas tecnologias, mais qualificação e formação profissional de nossos educadores.

É coerente afirmar que uma política pública educacional voltada para os anseios dos menos favorecidos se faz com compromisso político e isso só poderá ocorrer com o comprometimento dos poderes públicos, seja na instância federal, estadual ou municipal. Temos a convicção de que a garantia dos direitos à educação dos jovens e adultos poderá possibilitar a melhoria das condições de vida dessa população excluída e criar oportunidades para o mercado de trabalho.

As políticas públicas para educação não podem ser pensadas a partir de sua escolarização malsucedida, é preciso que se pense a superação da concepção compensatória que demonstre ser insuficiente para alcançar o atendimento a essa modalidade de ensino e que possa atender a contento essa classe de trabalhadores menos favorecidos.

Precisamos repensar a necessidade de novos pressupostos teóricos que orientem a oferta do ensino para a modalidade Educação de Jovens e Adultos. Todavia, é preciso compreender que a organização curricular atual dificulta e impõe vários desafios a conquista de uma educação de qualidade para EJA, isso vai de encontro ao que preconiza a LDB 9.394/96.

Em relação à estrutura curricular da EJA, acreditamos que exista pouca flexibilidade no que diz respeito aos espaços da escola para os estudantes obterem outras oportunidades de aprendizagem, a escola muitas vezes dificulta inclusive a criação de projetos pedagógicos e trabalhos interdisciplinares. Nosso entendimento é de que haja uma mudança significativa na escola, onde exista espaço para as discussões entre gestores, educadores e educandos, obviamente, sempre respeitando as especificidades e os limites de cada seguimento, no sentido de encontrar alternativas para os problemas educativos.

1.2 A POLÍTICA DO ESTADO BRASILEIRO SOBRE A FORMAÇÃO DO EDUCADOR DA EJA

O atual contexto social brasileiro tem apresentado significativos avanços científicos e tecnológicos que exigem do profissional da Educação de Jovens e Adultos novos conhecimentos, domínio de novas tecnologias, qualificação profissional dentre outros aspectos. Por outro lado, o Estado brasileiro tem deixado grande lacuna em relação à formação dos educadores, principalmente dos profissionais dessa modalidade de ensino.

Historicamente, o processo de formação esteve marcado por muitos fracassos em razão, principalmente, da falta de compromisso do próprio Estado brasileiro em não priorizar o processo de formação docente. Desde a colonização, o Brasil tem se mantido por meio da centralização do poder, do saber elitista, da cultura dos grupos poderosos burgueses deixando de lado a cultura popular, o saber adquirido com as experiências de vida dos indivíduos, comprometendo, dessa forma, a qualidade de ensino desses sujeitos. Pode-se afirmar que há limitação das oportunidades em relação às necessidades dos profissionais da EJA.

A ausência de políticas públicas do Estado brasileiro dificulta o exercício da cidadania e da autonomia de cada profissional, fica claro que as ausências dessas políticas dificultam ao educador da EJA realizar seu trabalho docente com as mínimas condições na busca do conhecimento científico. Acreditamos que o desenvolvimento econômico do país com real distribuição de renda poderá ser o fator condicionante para um bom desempenho dos programas educacionais em favor desses profissionais.

Existe a necessidade de que o Poder Público apresente alternativas para que possam ser atendidas as demandas educativas. Esse poder deve assumir compromisso social com as camadas populares, onde a educação formal seja efetivamente um direito de todos os cidadãos brasileiros.

Podemos dizer que a ação educativa em relação aos adultos vem caminhando desde o Brasil Colônia com os jesuítas. Esses educadores franciscanos tinham a intenção de difundir o evangelho, catequizar os índios, transmitir normas de comportamento e aprendizagens de ofícios domésticos e aumentar os seguidores da religião católica no intuito de obter mão de obra barata e ajudar economicamente a Colônia.

A Constituição de 1824 com influência europeia defendia a instrução primária gratuita para todos os cidadãos, inclusive para os adultos, porém, com o passar dos anos, foram aprovadas outras legislações que se reportaram e aprovaram os direitos de estudo aos menos favorecidos, como a Constituição Federal de 1988.

Importante ressaltar que a legislação de 1824 tinha inspirações iluministas que geraram sementes e enraizaram definitivamente na cultura jesuítica. Segundo Di Pierro e Haddad (2000), "o direito que nasceu com a norma constitucional de 1824 estendendo a garantia de uma escolarização para todos, não passou da intenção legal" porque não se cumpriu, nem se efetivou os seus preceitos de modo geral.

A primeira Constituição Republicana de 1891 foi considerada o primeiro marco legal da República, porém deixa de lado o ensino para jovens e adultos e assume preferencialmente o ensino secundário e superior. Essa Constituição estabeleceu a exclusão dos adultos e analfabetos, inclusive da participação do voto.

Di Pierro e Haddad (2000, p. 109) afirmam: "apesar da falta de compromisso da União com o ensino elementar, o período da primeira república se caracterizou pela grande quantidade de reformas educacionais e a maior preocupação foi com normatização do ensino básico". Apesar de muitas reformas educativas, o ensino brasileiro, e em particular de adultos, não se caracterizou como prioridade.

No l Congresso Nacional de Educação da EJA (CONEJA), ocorrido no Rio de Janeiro, de 8 a 10 de setembro de 1999, houve grande preocupação por parte dos educadores em apresentar uma proposta de ensino com características específicas para essa modalidade, havia uma grande preocupação de se pensar pedagogicamente o ensino para os adultos, mas as mudanças econômicas e políticas nesse período fizeram com que as ideias dos educadores não fossem concretizadas no âmbito da política educacional.

Nessa perspectiva, Freitas (2004, p. 14) afirma: "a formação de professores insere-se assim com as políticas neoliberais no quadro dos serviços e é assumida como mercadoria". O Brasil, por sua vez, situou-se nos marcos das reformas educativas que perpassaram pela falta de efetivo compromisso dos governos federal, estadual e municipal em relação à Educação de Jovens e Adultos. Nesse sentido, é necessário que o governo brasileiro assuma compromisso no campo do ensino, criando novas políticas educacionais no campo dessa modalidade de ensino para o país.

É importante ressaltar que a formação dos educadores, e em particular dos profissionais que trabalham com a EJA, requer um compromisso das três esferas públicas, pois formar professores envolve profissionalizar para uma função social entre a cultura construída e a cultura em construção, entre a sociedade existente e a sociedade em construção.

O educador do século XXI assume hoje grande responsabilidade de formar pessoas para que estas se tornem cidadãos conhecedores de seus direitos e deveres para enfrentar as dificuldades que a sociedade lhes impõe. Nesse sentido, é necessário que o educador assuma papéis sociais para que por meio da busca de novos conhecimentos possam desfrutar de seus direitos e lutar por melhores condições de trabalho. Para isso, é necessário a formação continuada do educador de jovens e adultos, pois é de fundamental importância para o processo de ensino e aprendizagem, uma vez que seu compromisso, sua responsabilidade docente são pontos fundamentais para o desempenho de sua função docente, Gadotti (1995) afirma:

> Ao novo educador compete refazer a educação, reinventá-la, criar as condições objetivas para que uma educação realmente democrática torne possível a criação de uma alternativa pedagógica que favorece o aparecimento de um novo tipo de pessoas preocupadas em superar o individualismo criado pela exploração do trabalho (GADOTTI, 1995, p. 8990).

Nessa perspectiva, a formação do educador da EJA deve estar consubstanciada em valores democráticos, superando a fragmentação do conhecimento, buscando novos desafios, novos conhecimentos para enfrentar o mundo do trabalho globalizado. Sabemos que historicamente os programas de formação de professores são precários e descontínuos e não atendem as necessidades desses profissionais.

Sabemos que os educadores que trabalham com essa modalidade de ensino, a EJA, não apresentam formação específica, compatível com as exigências do próprio sistema educacional, porém, são eles que estão trabalhando permanentemente nas salas de aula. São profissionais que lutam para dar o melhor de si aos seus alunos, mesmo sem a formação específica.

Observamos que nas escolas públicas estaduais e municipais os profissionais que trabalham com a EJA são profissionais que precisam de formação continuada, nesse caso, existe um agravante, não participaram de cursos de aperfeiçoamento e qualificação, porque a eles não são oferecidos. Saviani (2009, p. 143), em seu artigo "Formação de professores: aspectos históricos e teóricos do problema no contexto brasileiro", afirma:

> A necessidade de formação docente já fora preconizada por Comenius no século XVII, e o primeiro estabelecimento de ensino destinado à formação de professores teria sido instituído por São João Batista de La Salle em 1684, em Reims, com o nome de Seminário dos Mestres... mas a questão da formação de professores exigiu uma resposta institucional apenas no século XIX, quando após a Revolução Francesa foi colocado o problema da instrução popular.

É importante destacar que a formação de professores vem sendo questionada por profissionais da educação desde muito tempo, nesse sentido, a formação para o educador da EJA precisa ser revista, esta, a nosso ver, deve estar em sintonia na busca do conhecimento para a ação do seu fazer pedagógico, uma vez que o mercado de trabalho é exigente e excludente. Feldmann (2004, p. 71) acrescenta: "formar professores com qualidade social e compromisso político de transformação tem sido um grande desafio dos profissionais que compreendem a educação como um bem universal".

Podemos afirmar que os educadores comprometidos com o processo de formação política dos profissionais da educação lutam para que se cumpra o artigo 3º da Lei de Diretrizes e Bases da Educação (LDB/96). Essa legislação preceitua claramente os princípios da educação nacional. Os trabalhadores da educação reivindicam o cumprimento do inciso VII da referida lei, que norteia a valorização do profissional do ensino. Feldmann (2004, p. 72) diz o seguinte:

> Pensar a formação de professores para o contexto escolar brasileiro tem exigido compreensão de que a questão não se situa num plano consensual, é preciso realizar as convergências encontradas em diferentes pesquisas, de forma a problematizar os processos de formação de professores, as relações pedagógicas, educativas e institucionais, as diferentes situações no processo de ensinar e de aprender, bem como analisar os cenários político e social que circundam tal questão.

O pensamento da autora nos remete a refletir sobre a ausência de políticas públicas para formação dos educadores da EJA, por outro lado, a implementação dessa política é de responsabilidade dos governos, das instituições educacionais de nível superior e da exigência da própria sociedade. Sabemos que a ausência de formação continuada para os professores deixa o educador desprovido de conhecimentos em relação ao ensinar, como ensina e como lidar com as diversidades do mundo atual.

Entendemos que lidar com as novas diversidades exige desafios e conhecimentos específicos do educador. Freire (1996, p. 137) menciona:

> [...] a formação dos professores e professoras deveria insistir na constituição deste saber necessário e que me faz certo desta coisa obvia, que é a importância inegável que tem sobre nós o contorno social e econômico em que vivemos.

Afirmamos que as mudanças sociais devem acompanhar o desenvolvimento tecnológico da atualidade.

Paulo Freire (1996) observa que a formação continuada de educadores dessa modalidade de ensino poderá representar importante fator para o sucesso das políticas de acesso à permanência dessa modalidade de ensino, pois ela poderá representar o elo entre as políticas e uma possível efetivação da prática pedagógica do educador. Acreditamos que seja por meio das ações pedagógicas e do fazer pedagógico consciente do educador que será possível a efetivação de sua prática consciente em sala de aula, tornando possível desenvolver um trabalho voltado para a realidade do educando.

Historicamente, o Estado desviou-se do seu compromisso social, deixando de lado esse campo específico de ensino, as políticas oferecidas a essa camada social nunca atenderam a contento essa classe social. Freire (2001) diz que é preciso acreditar, ter coragem, lutar para enfrentar as diversidades que o mundo oferece, e o educador precisa acompanhar as mudanças sociais ocorridas ao longo dos tempos.

Podemos afirmar que esses profissionais de ensino distanciados de sua realidade dificilmente terão condições de acompanhar as mudanças que ocorrem no seu mundo de trabalho, é preciso investimento na formação dos educadores para que possam obter maior retorno no que diz respeito à compreensão do processo educativo frente à sociedade brasileira.

A Educação de Jovens e Adultos é fecunda e promissora porque pode, por meio de seus educadores, contribuir na formação do educando para que este possa enfrentar o mercado de trabalho excludente. Necessariamente é preciso um currículo específico com características voltadas para a realidade do educando, as práticas docentes voltadas para a especificidade da modalidade de ensino, em que ocorram construção e reconstrução de novos conhecimentos pelo educador e educando.

Acreditamos que o ensino e a aprendizagem dos educandos jovens e adultos possam ganhar impulso, no sentido de que todos possam estudar com profissionais que tenham qualificação específica para o seu trabalho, em que estes tenham conhecimentos específicos e possam contribuir nas mudanças dos processos políticos e na construção de um novo saber; por outro lado, afirmamos que somente por meio de políticas sérias implementadas com responsabilidade pelos governos é que poderão ocorrer essas mudanças sociais.

1.3. POLÍTICAS PÚBLICAS PARA EJA NO ESTADO DO AMAZONAS

No tocante aos direitos e liberdade de o ser humano estudar e aprender, a legislação colonial não atendeu a contento as finalidades desses brasileiros necessitados de aprendizagem, leitura e escrita. Essa legislação pautava-se em formalidades caracterizadas, dificultando o acesso de quem queria estudar. Com a expulsão dos jesuítas por Pombal, a educação tende a atender os intelectuais burgueses, não se importando com a classe menos favorecida. Podemos afirmar que a Constituição de 1824 tratou superficialmente da instrução primária gratuita para todos que necessitassem de ensino.

A Constituição de 1891 atribui aos Estados a responsabilidade da organização de seus sistemas educacionais, causando com essa determinação maiores dificuldades para atender à sociedade carente que necessitava de ensino de qualidade. A Constituição de 1934 tratou a educação como um direito de todos, porém nem todos tiveram as mesmas oportunidades de aprender. Essa legislação definiu a obrigatoriedade de frequência e gratuidade do ensino primário e pela primeira vez defendeu a necessidade da construção de um Plano Nacional de Educação.

A Constituição de 1937 foi caracterizada como autoritária, dando ênfase ao ensino profissionalizante e ao ensino científico secundário, suas características marcaram o processo de ensino autoritário e tradicional no decorrer de sua vigência. Com a promulgação da Constituição de 18 de setembro de 1946 sendo praticamente cópia da de 1937, esta não respeitou a autonomia aos Estados e centralizou o ensino, dificultando a liberdade de aprendizagem, inclusive a liberdade de expressão da sociedade brasileira. Após 15 anos de sua promulgação, o país teve a primeira Lei de Diretrizes e Bases da Educação, a 4.024/61, após promulgada foi considerada por alguns otimistas importante por apresentar um perfil mais democrático, pois trazia intenções avançadas no que tange ao ensino brasileiro.

A Constituição de 1967 foi semioutorgadam em 24 de janeiro do referido ano e durante a vigência da ditadura militar seus poderes estavam voltados para o Poder Executivo. Foi uma legislação federal considerada a de maior retrocesso do país, pois exclui a liberdade de expressão do povo brasileiro, direitos de ir e vir, dentre outros. Essa Constituição influenciou maciçamente na Lei de 11 de agosto de 1971, configurando com uma lei do tecnicismo brasileiro.

Após mais de duas décadas de ditadura militar, grandes debates se travaram no Congresso Nacional Brasileiro para que fosse promulgada a Constituição de 1988. Essa nova Carta Magna foi considerada a mais democrática dos últimos tempos, pois assegurou mais autonomia aos direitos civis, gestão democrática no processo de ensino, mais abrangência para o processo educativo. Após oito anos de promulgação da referida Constituição, em 20 de dezembro de 1996, é aprovada a Lei de Diretrizes e Bases da Educação/LDB 9.394, assegurando os princípios de liberdade, autonomia para as Universidades e escolas, gestão democrática e participativa, pluralismo de ideias, direitos para formação continuada dos profissionais da educação.

A nova LDB assegura o desenvolvimento do ser humano, de suas competências e compreendendo dos processos que são desenvolvidos na família, no trabalho, nas instituições educacionais e nos movimentos sociais. Afirma a legislação que a educação é um direito de todos os cidadãos brasileiros, sem distinção de raça, cor, cultura e credo religioso, é um direito fundamental de natureza social.

Podemos afirmar que no período ditatorial pouca o quase nenhuma liberdade de expressão se tinha em relação a busca de novos conhecimentos científicos, as coisas aconteciam de acordo com os ditames dos militares. Com a promulgação da nova constituição e a aprovação da nova LDB, a educação passa a ser prioridade da sociedade brasileira.

É importante destacar que apesar da liberdade de expressão preconizada pela Constituição Federal de 1988 e pela LDB de 96 observamos que ainda falta muito para que tenhamos de fato mudanças educacionais necessárias ao processo da qualidade de ensino. Afirmamos que para obtermos ensino de qualidade é necessário que tenhamos profissionais qualificados para que o seu fazer pedagógico seja exercido com qualidade.

A nosso ver, todos os profissionais da educação devem receber salários dignos, condições dignas de trabalho para seu efetivo trabalho docente. Nesse sentido, acreditamos em novas políticas públicas que possam contribuir na formação desses profissionais e na melhoria das estruturas das escolas.

Libâneo (2007, p. 16-17) afirma que na sociedade brasileira contemporânea novas exigências são acrescentadas ao trabalho dos professores, pois ser professor requer saberes, querer fazer, conhecimentos científicos, pedagógicos, educacionais, sensibilidade, indagação teórica e criatividade. Libâneo nos leva a refletir sobre a formação para educadores oferecida pelos governos, uma vez que são insuficientes e ineficazes. Insuficientes porque não atendem a todos os profissionais que necessitam de qualificação profissional, ineficazes por não existir uma política de formação continuada séria que atenda a modalidade de ensino da EJA.

Segundo Miranda (2003, p. 57), "a educação de jovens e adultos tem sido pensada e definida como categoria educacional destinada aos desertados da sorte, as classes marginalizadas, aos excluídos e aos pobres". Nessa perspectiva, é pertinente a afirmação porque percebemos que não existe um compromisso mais amplo por parte do Estado brasileiro em defesa dos desafios pautados para formação dos educadores da EJA.

No estado do Amazonas, a política educacional direcionada aos profissionais da EJA não é muito diferente das dos programas empreendidos pelo Governo Federal. Em nosso estado se aplica o mínimo em relação à arrecadação ao Estado, descumprindo o que determina a Constituição Federal/1988 e a Lei de Diretrizes e Bases da Educação de 1996. Nesse sentido é importante frisar que é necessário encampar lutas sociais organizadas pela sociedade civil no sentido de fazer cumprir o que preconiza essas legislações.

É importante acrescentar que ao longo de algumas décadas a Secretaria de Estado da Educação e Qualidade do Ensino do Estado do Amazonas tem implementado alguns programas educativos em relação a EJA, mas esbarra na falta de recursos para atendê-los em sua continuidade. Podemos citar o Projeto Acelerar, que tinha como meta atender os jovens e adultos na faixa etária de 15 anos em diante, mas não se fortaleceu por vários fatores, entre os quais falta de estrutura das escolas, profissionais qualificados, material didático adequado.

O prazo exigido para conclusão do ensino fundamental ou médio era de dois anos. Ao meu ver, esse programa poderia ter contribuído bastante com os estudantes fora da faixa etária escolar, mas por falta de vontade política do próprio não foi em frente. Nós entendemos que qualquer programa voltado para a educação deve estar pautado em políticas públicas sólidas, onde possa envolver parcerias, inclusive com os profissionais das instituições do ensino superior. Vejamos o que diz o Plano Estadual de Educação do Amazonas/PNE-AM, abril de 2008 em relação à Educação de Jovens e Adultos.

> A educação de um grande contingente de jovens e adultos apresenta-se como imperativo para o Brasil. Além de direito inalienável de toda pessoa, a elevação da escolaridade é condição imprescindível para que

se atinja novos patamares da participação social e de construção da cidadania. Os reflexos de qualidade de vida, no trabalho e no desenvolvimento da sociedade são por todos reconhecidos. Devido ao esforço bem-sucedido de elevar a escolaridade do trabalhador, representado pelos milhares de jovens e adultos brasileiros, que hoje estão cursando o ensino fundamental ao médio destaca-se a necessidade de priorizar essa modalidade de ensino em estabelecimentos específicos. (PNE/AM, 2008).

O Conselho Estadual de Educação (CEE/AM), admite que a intenção de priorizar essa modalidade de ensino é grande, os objetivos e as metas propostos são boas, mas se tornam impossível o seu cumprimento por falta de recursos. Observamos que a cada governo são apresentadas metas, intenções para atender o ensino, mas estas ficam somente nas boas intenções.

Vejamos algumas metas e diretrizes norteadoras da EJA defendidas pelo CEE/AM: "fortalecimento da capacidade de lidar com as transformações que ocorrem na economia, na cultura e na sociedade", "incentivo de maior participação na política e ao desenvolvimento da cidadania", "realização da matrícula do aluno independente do calendário escolar". Essas metas e diretrizes são pertinentes, mas na realidade não são concretizadas nas escolas públicas municipais e estaduais.

A nosso ver, o CEE/AM comete uma falha, pois das 27 metas apresentadas, apenas a sétima aborda a formação de educadores da EJA, dizendo: "assegurar programas permanentes de formação de educadores de jovens e adultos, habilitando profissionais para atuar de acordo com o perfil da clientela". Vale ressaltar que o Estado, e em particular e Secretaria Estadual de Educação (SEDUC), deixam de cumprir as normas elencadas quando apenas as discutem e não as efetivam. Entendemos que sem essa efetivação das diretrizes prescritas no CEE/AM se torna impossível concretizar as políticas necessárias ao ensino da EJA.

Na verdade, o CEE/AM não deixa claro que políticas públicas serão efetivadas para atender essa modalidade de ensino. Quando se refere ao item 24, diz que deve assegurar formação continuada aos profissionais da educação que atuam no Sistema Penitenciário envolvendo diferentes áreas, como trabalho, saúde, esporte e segurança, de modo a contribuir para melhor compreensão do trabalho docente.

Essas exigências do plano, a nosso entender, vêm dificultar cada vez mais a realização do trabalho do professor, primeiro pela falta de conhecimento em relação ao trabalho específico, que é o da EJA, segundo pela ausência de qualificação profissional para lidar com realidades diferentes. Fica claro que as diretrizes e metas do Plano Estadual de educação não são necessárias para suprir e atender a nossa realidade, dificulta inclusive a dedicação, habilidades pedagógicas e trabalho do professor. Os programas de governo para a formação de educadores que lidam com essa modalidade de ensino são ineficientes, porque não atendem às necessidades do profissional que lida com esse tipo específico de ensino. Nesse caso, o ensino e a aprendizagem ficam à mercê de uma boa qualidade, contribuindo para um resultado não satisfatório nas estatísticas do ensino brasileiro.

Diante dessa leitura podemos constatar que os programas educacionais deveriam atender e oportunizar a formação continuada dos educadores no sentido de que todos pudessem obter novos conhecimentos sobre o processo de formação, ensino e aprendizagem como um todo.

Historicamente, os profissionais que atuam na Educação de Jovens e Adultos vêm relutando na busca de melhores condições de trabalho, melhores condições de vida e oportunidades na busca de conhecimentos.

É importante frisar que o Brasil ainda se recente de uma formação tradicional e hierárquica, em que a Educação de Jovens e Adultos foi tida como compensatória e não como um direito adquirido. Essa tradição foi sendo alterada à medida que a sociedade se via necessitada de melhores condições de ensino, maior compreensão do processo educativo. Existe um longo caminho a ser percorrido no que tange à melhoria do ensino da EJA. Imagina-se que efetivamente se torne uma educação de qualidade, permanente a serviço do pleno desenvolvimento do educando. O professor Jamil Cury, no Parecer 11/2000, p. 67, relata:

> Quando o Brasil oferecer a esta população, reais condições de inclusão na escolaridade e cidadania, os "dois brasis" ao invés de mostrarem apenas a face perversa e dualista de um passado ainda em curso poderão efetivar o princípio de igualdade de oportunidades de modo a revelar méritos pessoais e riquezas insuspeitadas de um povo e de um Brasil uno em sua multiplicidade, moderno e democrático.

No pensamento de Cury podemos compreender que o Brasil com mais de 500 anos de existência já deveria ter quebrado a barreira do não investimento na educação, já deveria ter resolvido esses problemas crônicos de infraestrutura das escolas e do ensino brasileiro, porém a ausência de comprometimento político deixa à deriva o ensino brasileiro.

Fica evidente que a ausência de programas educativos sérios compromete o desenvolvimento do ensino no país. O artigo 2º da Resolução n. 3, de 15 de junho de 2010, esclarece:

> [...] para o melhor desenvolvimento da educação de jovens e adultos, cabe a institucionalização de um sistema educacional público da educação básica como política pública de Estado e não apenas de governo.

Gadotti (2008, p. 122) afirma:

> Os profissionais que trabalham na EJA, em sua quase totalidade não estão preparados para o campo específico de sua atuação, em geral, são professores leigos ou pertencentes ao próprio corpo docente do ensino regular que lutam em favor de uma educação que atinja a todos os brasileiros.

Frente a essa afirmação, percebe-se a existência de uma lacuna em relação à formação de profissionais qualificados nesse campo de ensino da EJA que possam identificar melhor as necessidades das escolas públicas estaduais e municipais. Percebe-se ainda que as escolas estão desprovidas de estrutura física, e em vista disso não atendem a contento os estudantes, os professores e nem possuem um currículo próprio para atender essa modalidade de ensino.

Essa grande carência de infraestrutura nas escolas e principalmente a falta de formação continuada dos educadores que trabalham em sala de aula é prejudicial à qualidade do ensino dos estudantes. É uma questão preocupante porque a Lei de Diretrizes e Bases da Educação de 1996, o Plano Nacional de Educação (1998), o Plano Estadual de Educação (2008), o Parecer 11/2000 preconizam que a educação deve ser de qualidade para todos, e em todos os níveis e modalidades de ensino.

Apesar das exigências dessas legislações, o ensino é precário, a formação continuada dos profissionais do ensino é insuficiente, o trabalho docente é realizado de maneira não satisfatória e se torna difícil alcançar os objetivos propostos para o ensino, principalmente os resultados frente ao processo de ensino e aprendizagem. Uma boa formação desses profissionais que trabalham cotidianamente em sala de aula seria um primeiro passo para melhorar o ensino no país.

Acreditamos que um país, um Estado ou município só terão educação de qualidade se, primeiramente, houver investimentos significativos em seu corpo docente e que continuamente mantenham preparados frente aos conhecimentos pertinentes para enfrentar os desafios da modernidade globalizada. O investimento na formação desses profissionais corresponde ao cumprimento das legislações vigentes, nesse sentido, afirmamos que a educação é um investimento a longo prazo e só alcançaremos bons resultados com investimentos permanentes frente ao processo de ensino e aprendizagem dos alunos.

É importante afirmar que durante décadas os professores do ensino regular e da Educação de Jovens e Adultos não têm recebido atenção necessária em relação à sua formação e as condições de trabalho. Paiva, (2009). Em seu artigo sobre a construção coletiva da política de educação de jovens e adultos no Brasil, declara o seguinte:

> O discurso da igualdade de oportunidades, sempre presente, encobre o que uma sociedade de classes, de lugares desiguais, tem como ponto de partida: acesso a oportunidades definido, antecipadamente, a processos seletivos. Os direitos sociais, que constituem poderes, são continuamente objeto de luta e de reafirmação, face a hegemonias e a pensares dominantes que incessantemente aviltam obrigações positivas de que eles carecem. O problema dos direitos é, sobretudo, político. Sem democracia, direitos se confundem com razões de Estado, persistindo em forma de simulacro ou de rebeldia, desprovidas do conteúdo da cidadania, dos direitos humanos e dos coletivos. Não tem sido automática a assunção do direito à educação com o dever de oferta. (Machado, 2009, p. 65).

Verifica-se que nos dias atuais existem o descumprimento das legislações educacionais em relação à garantia da oferta da educação de qualidade para jovens e adultos, as condições de trabalho oferecidas pelo sistema educacional aos profissionais da EJA são inadequadas para a realização de suas atividades docentes com segurança e proficiência. As legislações educacionais deixam claro que deverá haver condições dignas de trabalho para que todo profissional exerça suas atividades com condições adequadas, infelizmente esses direitos são negados.

Nas Diretrizes da Proposta Curricular/2007 para Educação de Jovens e Adultos, percebemos que esta se fundamenta nas legislações pertinentes quando afirma:

> [...] a Proposta Curricular destinada a subsidiar o trabalho desenvolvido no primeiro e segundo segmentos do Ensino Fundamental da EJA é orientada pelas preposições da LDB/9.394/96, pelas DCN/2000, pelo CNE/2000 e Parecer 11/2000.

O referido Parecer assegura que esse processo deve ser construído em diferentes níveis, envolvendo as secretarias de educação e as escolas em que a EJA se insere, chegando ao detalhamento máximo nos planos específicos dos cursos e do planejamento de cada professor.

O Plano Nacional de Educação (CNE) /2001-2020, artigo 2º, incisos II e IX que está em tramitação no Congresso Nacional, defende a melhoria na qualidade de ensino e a valorização dos profissionais da educação, mas não apresenta especificidades no que tange à EJA e aos profissionais que vão lidar diretamente com essa modalidade de ensino, observamos que o futuro plano já apresenta uma lacuna, pois não deixa claro a formação específica para o educadores da modalidade da Educação de Jovens e Adultos.

Moacir Gadotti (2008, p. 126) apresenta alguns caminhos sobre a formação e condições de trabalho dos educadores de jovens e adultos. Nesse sentido, evidencia que é preciso "incentivar os cursos de magistério, as faculdades de pedagogia e cursos de pós-graduação a contemplarem a EJA em seus currículos". As instituições governamentais devem "estimular a profissionalização de adultos pelo sistema público de ensino inserindo-o na carreira de magistério". Gadotti diz:

> Incentivar o Estado a proceder a formação dos recursos humanos necessários ao desenvolvimento da educação pública requerida pela sociedade, incluindo nessa perspectiva a formação de professores que estejam aptos em educação de adultos para atender com qualidade a demanda da educação básica dessa população. Estabelecer, na perspectiva da carreira única, condições de isonomia de trabalho e salário dos profissionais da educação, de acordo com a habilitação. Implantar cursos de extensão e especialização em educação de adultos dos profissionais da EJA em exercício. Viabilizar processo de capacitação permanente dos profissionais da educação de adultos por meio de programas de formação e aperfeiçoamento de magistério (GADOTTI, 2008, p. 126-127).

O posicionamento de Gadotti nos leva a refletir e a questionar sobre alguns porquês. Por exemplo, por que o governo não assume verdadeiramente a responsabilidade sobre a educação, por que não oferece melhores condições de trabalho e formação para todos os profissionais da EJA e demais modalidades de ensino? Por que não implementa políticas públicas educacionais sérias que venham suprir essa carência dos professores da EJA?

Nosso pensar é de que, para que ocorram essas mudanças na educação, é necessário, primeiramente, comprometimento político, vontade de querer fazer, vontade de querer mudar o cenário da educação brasileira. Acreditamos que seja necessário implantação de políticas públicas urgentes para a educação, dessa forma, o Estado ofereceria aos profissionais da educação melhores condições de trabalho, formação continuada e qualificação para o trabalho docente.

Na verdade, com a ausência dessas políticas, ocorre uma descontinuidade no campo educativo e passa a existir uma lacuna no que tange a oferecer à sociedade brasileira uma educação de qualidade, e sem uma educação de qualidade, compromete-se o processo de ensino e aprendizagem dos nossos estudantes; da mesma forma, a ausência desse compromisso governamental deixa o ensino sem profissionais qualificados nas áreas específicas da educação.

Romão (2008, p. 65) nos lembra que

> [...] a dimensão política do trabalho do professor se dá em três dimensões: uma para o sistema, outra para a própria categoria e a última para a comunidade, corporificada diretamente nos alunos.

Nesse sentido, fica claro que o professor deve estar em sintonia na busca de compreender o processo educativo, compreendendo o funcionamento do sistema, de sua categoria e da comunidade em que está inserido, na verdade, o professor tem que conhecer o desenrolar do processo educativo e político.

Compreendemos que o primeiro compromisso político do educador é com a mobilização e a organização de sua categoria, pois cujos objetivos não podem limitar as reivindicações corporativas, mas sim lutar por seus direitos que constam nas legislações pertinentes da educação, as quais preconizam o direito do trabalhador no sentido da liberdade de expressão, pluralismo de ideias, direito à busca do conhecimento, respeitos à tolerância, direito de ensinar e aprender com liberdade e autonomia.

O pensamento de Romão (2008) vem contribuir afirmando que o papel do educador da EJA é uma ação do sujeito político, e este é responsável por fazer a contra hegemonia. As questões levantadas pelo autor são relevantes porque a sociedade civil organizada precisa intensificar as lutas em defesa da ampliação dos direitos sociais para haver conquistas em busca de melhores condições na realização do trabalho docente.

Na linha do pensar certo, acreditamos que o trabalhador da Educação de Jovens e Adultos deve estar preparado, com conhecimentos empíricos e científicos para que não seja ludibriado pelos discursos dominantes, e incorra ao risco de aceitar as imposições do sistema de ensino.

É importante destacar que por meio de uma boa organização dos educadores, dificilmente serão obedientes às receitas do ensino. Defendemos a organização coletiva dos educadores, pois sem reivindicações pertinentes sobre os direitos educacionais vigentes nada será mudado em favor dos estudantes e educadores de jovens e adultos. Romão (2008) vem afirmar que no cotidiano da escola poderá ocorrer:

> A grande revolução da Educação Brasileira, independentemente das alterações na legislação brasileira, no dia-a-dia do trabalho, conciliando o compromisso – construído com os nossos princípios de liberdade e equidade – com as camadas oprimidas da população e com as estratégias arquitetadas a partir de uma leitura da realidade (ROMÃO, 2008, p. 69).

Acreditamos que para alcançarmos os objetivos de interesse coletivo em relação às melhores condições de trabalho é necessário realmente uma revolução de conhecimento e principalmente organização da classe trabalhadora da educação. Acredito que sem essa organização não somaremos forças para lutar contra as imposições das propostas neoliberais que oprimem, desagregam e exploram os trabalhadores da educação brasileira.

Barreto (2006, p. 96), em seu artigo "Formação permanente ou continuada", defende que:

> [...] para alcançar o objetivo da mudança na prática do educador, é preciso lembrar que as práticas são expressões das representações mentais de quem às faz, sem alterar essas representações, as práticas permanecerão as mesmas.

É importante salientar que se o educador da EJA não tiver compreensão desse processo frente às mudanças sociais, tudo permanecerá como está. Nesse sentido, a autora afirma:

> [...] os educadores não podem ser vistos como meros executantes de receitas pedagógicas bem-sucedidas, ao contrário, devem ser estimulados a se tornarem produtores autônomos de suas práticas.

Sobre o exposto, pode-se dizer que as mudanças só serão possíveis se houver organização política dos trabalhadores da educação. Essa organização deve estar voltada para as reivindicações de suas necessidades perante o governo, perante as instituições públicas federais, estaduais e municipais, para que os interesses dos educadores sejam consolidados.

Acreditamos que uma organização sólida dos profissionais da educação poderá garantir os direitos educacionais preconizados pela Constituição Federal de 1988, pela LDB de 1996, pelo PNE/1998, pelo Parecer11/2000, pela Proposta Curricular de 2007, pelo PEE de 2008 e pelo PNE de 2011-2020. Essas legislações são os suportes legais para a formação continuada dos educadores, qualidade de ensino, organização de currículo próprio para a Educação de Jovens e Adultos.

Afirmamos que as condições de trabalho do educador de jovens e adultos são deficitárias, porque as atividades educativas são realizadas em condições precárias, com ausência de material didático, pouca infraestrutura física, currículo inadequado, salários deficitários, ausência de formação e qualificação profissional.

Para essa questão, a professora Marina Graziela Feldmann (2009) ressalta:

> O ofício docente tem sido compreendido muitas vezes, por sua dimensão técnica, esquecendo-se que o professor não pode ser entendido à margem de sua condição humana. Não se pode discutir a ação do professor na escola apenas pelo seu caráter instrumental, desconsiderando-se a importância de sua identidade profissional no processo educativo. (FELDMANN, 2009, p. 78).

Nesse entendimento, o trabalho docente do professor da EJA vai além de qualquer leitura em qualquer livro, pois este assume diante da escola e da sociedade responsabilidades sociais, onde seu fazer pedagógico está intrinsecamente relacionado com sua identidade profissional, compromisso e responsabilidade com seu trabalho.

O educador da EJA, além do domínio da teoria e da prática precisa obter conhecimentos sobre as questões culturais dos jovens e adultos. É preciso que esse educador conheça e compreenda as peculiaridades dos sujeitos envolvidos no processo educativo da EJA e reflita sobre como encontrar alternativas para a realização do seu trabalho, sendo necessário rever suas estratégias de ação, trocar experiências no trabalho e propor alternativas para um ensino de qualidade.

A escola deve estar preparada e estruturada para atender as demandas educativas, e o profissional docente deve pautar-se pela liberdade e autonomia na realização de seu fazer pedagógico, exercendo-o com segurança, compromisso e responsabilidade. Frente ao exposto, a parte dois do referido trabalho faz uma abordagem sobre importantes conceitos relacionados ao nosso estudo, assim discutimos as noções de trabalho, práxis e formação profissional.

2

PRÁXIS, FORMAÇÃO PROFISSIONAL E FAZER PEDAGÓGICO

O homem constrói em torno de si e de seus semelhantes o mundo do conhecimento de suas ações, de sua prática em busca de melhores condições de trabalho e melhores condições de vida. O relacionamento na busca do conhecimento faz com que os seres humanos dialoguem, troquem ideias, elaborem projetos, casem-se, construam novos patamares de vida e se inter-relacionem com a sociedade humana. Frente a esses aspectos, o homem não mediu esforços para descobrir o fogo, inventar a roda, construir novos caminhos em prol de sua sobrevivência.

Por outro lado, o educador brasileiro tem procurado alternativas que efetivamente concretizem sua prática docente com autonomia, compromisso e responsabilidade. Porém, essas alternativas têm sido distanciadas de sua realidade, de uma formação profissional e de seu fazer pedagógico. Esse distanciamento da formação do educador da Educação de Jovens e Adultos faz com que ocorram perdas na busca do conhecimento frente ao processo de ensino e aprendizagem.

O educador dessa modalidade de ensino não goza de suas prerrogativas legais constitutivas sobre a sua qualificação profissional que a Lei de Diretrizes e Bases da Educação Nacional LDB/96 preconiza em seus princípios e fins da educação nacional. No artigo 3º, item VII, defende a "valorização do profissional da educação escolar" no X item, defende a "valorização da experiência extraescolar" do profissional da EJA.

Muito importante para esse profissional que trabalha com essa modalidade de ensino, porém é necessário que sejam atendidos a contento, para a concretização de sua práxis docente. É importante mencionar que a valorização da práxis do educador é de suma importância para o seu fazer pedagógico. A práxis do profissional da educação, em linhas gerais, tem sido um caminho percorrido em relação à concretização de seu fazer pedagógico. O relatório do I Encontro Nacional de Educação de Jovens e Adultos/ENEJA, realizado no Rio de Janeiro em 1999 nos informa:

> A formação de educadores de jovens e adultos vem sendo assumida progressivamente pelas universidades, com programas amplos, decorrentes de convênios com entidades da sociedade civil; por ONGs e instituições privadas com tradição na área; e por algumas secretarias estaduais e municipais, que têm procurado criar estratégias de formação continuada de seus professores. Tais iniciativas ainda são incipientes face a demanda crescente na área. (ENEJA, 1999).

Na verdade, observamos que existe uma ausência sobre a profissionalização dos educadores da EJA. O relatório acrescenta que existe uma escassez de pesquisa e produção de conhecimentos na área, comprometendo a formação do educador quanto a sua prática docente. Podemos dizer que a falta de concursos públicos para a área evidencia o não reconhecimento da Educação de Jovens e Adultos como habilitação profissional. Nesse sentido, entendemos que o educador da EJA deve ter formação de qualidade que possa subsidiar o seu trabalho docente, entendendo inclusive como se produzem as desigualdades sociais neste país.

O professor em instância de sua formação também precisa ser pesquisador para poder melhorar suas práticas educativas, precisa de formação na prática de pesquisa para que essa prática se torne efetivamente uma prática revolucionária. O educador da EJA e demais profissionais da educação precisam desenvolver uma prática pedagógica-crítica-reflexiva no intuito de aprender a orientar seus alunos tendo como base o processo de ensino e aprendizagem, discutindo, inclusive, a realidade educacional vigente.

Acreditamos que a qualificação docente dos educadores dessa modalidade de ensino pode contribuir com uma prática profissional voltada para a apropriação dos saberes historicamente acumulados e para a busca de novos conhecimentos na perspectiva de pautar sua ação no diálogo, no questionamento e na compreensão da realidade de um processo de construção coletiva.

No contexto atual brasileiro, o educador que trabalha com a modalidade de ensino da EJA precisa estar preparado para o seu fazer pedagógico, deve fazer de seu espaço da sala de aula um espaço de construção do conhecimento, em que o princípio dessa construção seja a pesquisa, e que esta venha contribuir no processo educativo. Dessa forma, com formação continuada, esses educadores se tornam cada vez mais fortalecidos na realização de um trabalho docente, inclusive o trabalho interdisciplinar na escola. Nóvoa (1995, p. 27), no trabalho intitulado "O programa EJA da Unigran/Dourados: um estudo sobre formação de professores, letramento e gesta", considera que:

> [...] a formação continuada deve contribuir para desenvolver, no educador, um perfil de pesquisador que não seja um pesquisador obcecado pela cientificidade, mas um educador capaz de refletir a sua própria prática pedagógica.

Em relação ao posicionamento de Nóvoa, o educador precisa ser e estar qualificado para atuar na EJA, para que realmente possa realizar seu trabalho docente com qualidade.

O educador da EJA precisa manter acesa a sua identidade profissional, assim como a chama na busca de conhecimento científico, para que a cada momento de sua história se torne marcante e inesquecível a sua conduta, seu profissionalismo, seu compromisso de ensinar e educar seus alunos para sua perspectiva democrática. O educador, na verdade, tem papel importantíssimo no processo educativo, pois ele deve estimular o pensamento e as atitudes criativas de seus alunos. É importante dizer que o professor comprometido com essa modalidade de ensino assume grande responsabilidade social docente, por outro lado, precisa lidar com uma grande diversidade de conhecimentos de alunos; nesse caso, é preciso munir-se de bases teóricas, experiência, referências que fundamentem o seu trabalho docente.

A Resolução 1/2000 do Conselho Nacional de Educação - Câmara de Educação Básica, em seu artigo 17, afirma: "a formação inicial e continuada de profissionais para Educação de Jovens e Adultos terá como referência as Diretrizes Curriculares Nacionais para o ensino fundamental e para o ensino médio e para a formação de professores". Diz ainda:

> I. ambientes institucional com organização adequada á proposta pedagógica; II. II.investigação dos problemas desta modalidade de educação, buscando oferecer soluções teoricamente fundamentadas e socialmente contextualizadas; III. primar pelo desenvolvimento de práticas educativas que correlacionem teoria e prática; IV utilização de métodos e técnicas que contemplem códigos e linguagens apropriadas às situações específicas da aprendizagem.

A referida Resolução deixa claro quais as condições devem ser oferecidas para que o profissional dessa modalidade de ensino tenha condições para trabalhar, destaca inclusive o desenvolvimento das práticas educativas, correlacionando teoria e prática aos saberes teóricos e práticos. Muito oportuno dizer que ainda nas escolas essas diretrizes não foram colocadas em prática, as instituições trabalham com currículo não apropriado e sem profissionais qualificados. Na verdade, as políticas para atender a educação nessa modalidade de ensino são inexistentes.

Frente a essa leitura, podemos dizer que os cursos de licenciatura na maioria das universidades brasileiras, segundo Vasconcelos (2003), oferecem habilitações ou componentes curriculares que pouco tratam de especificidades da Educação de Jovens e Adultos. Não existe a preocupação efetiva no que tange à qualificação do profissional docente a um atendimento que fortaleça sua formação. Pensamos ser necessário a implementação de política de formação sólida para atender aos que dela necessitam. Penso que as universidades públicas deveriam encampar essa luta em prol da melhoria do ensino da Educação de Jovens e Adultos.

Acredito que as instituições de ensino superior podem constituir-se como espaços importantes no processo de formação profissional dos educadores de jovens e adultos, principalmente as universidades que têm como tripé a dissociabilidade entre ensino pesquisa e extensão. Segundo Nóvoa (2003), o saber ensinar é algo relevante da responsabilidade e profissão do professor, a maneira de ensinar evolui com o tempo e com as mudanças sociais. Podemos dizer que a história do conhecimento vem dos primórdios, que em vista das suas necessidades, souberem lidar com o tempo, com o espaço, com as mudanças culturais e compreenderam que essas mudanças são necessárias para a vida humana.

Dessa forma, a EJA, a meu ver, precisa de mudanças em seu contexto geral, na aplicabilidade de sua metodologia, de sua forma de ensinar. Devemos refletir sobre as questões sociais urgentes, as instituições de graduação federal, estadual e municipal devem atender às necessidades dos educadores. Acreditamos que essas mudanças devem ocorrer com urgência de devem ser realizados no contexto educacional da EJA.

Nas palavras de Carneiro (2010, p. 53)

> [...] o princípio da valorização do profissional da educação escolar tem constituído elemento central no processo de reforma da educação em todo mundo. No Brasil, ainda marcamos passo neste particular.

Nesse caso, compreendemos que a precarização do trabalho docente é um processo agudo, longe de ser resolvido sem que haja vontade política.

Não podemos negar que a luta de vários profissionais do ensino por melhores condições de trabalho e qualidade de ensino tem sido um embate cada vez mais forte no sentido de que seja cumprido o que as legislações educacionais regulamentam, porém percebemos que as conquistas acontecem em passos lentos, sem que o Poder Público chame para si a responsabilidade e atenda às necessidades urgentes da educação brasileira. Entendemos que a valorização do profissional da educação é tema recorrente em todas as discussões sobre educação, porém o seu alcance é limitado sob o ponto de vista de sua operacionalização. A educação é direito social e público e o Estado deve atender à profissionalização docente e cumprir os princípios da legalidade, impessoalidade, moralidade e eficiência no trato dessa categoria de trabalhadores.

2.1 O CONCEITO DE PRÁXIS E SUA RELAÇÃO COM PROCESSO EDUCATIVO

Historicamente, a palavra *práxis* teve sua origem na Antiguidade, com os gregos, para designar a ação propriamente dita. Vázques (1977) apresenta a referida palavra em diferentes linguagens, como podemos observar: em italiano, a palavra práxis é tida como "prassi" e "práctica"; em francês, emprega-se quase exclusivamente o termo "practique"; em russo só se usa a palavra "práktika"; e em inglês o vocabulário correspondente é "pratique" que corresponde a "práxis" ou "prática".

O conceito de práxis é muito anterior à filosofia marxista e tem raízes no pensamento de Aristóteles, mas foi por meio de Marx (1843 *apud* VÁZQUEZ, 1977) que o conceito foi progressivamente sendo utilizado passando a ser elemento central do materialismo histórico. É importante assinalar que esse conceito na perspectiva marxista se consubstancia em um processo de desconstrução e construção, ou seja, no movimento histórico da realidade concreta.

Na perspectiva de Antônio Gramsci (1978), a práxis se refere "à atividade humana racional mediante a ação do homem em sua atividade transformadora". No pensamento de Freire (2005, p. 42), "a práxis, porém, é reflexão ação dos homens sobre o mundo para transformá-lo, sem ela é impossível, a superação da contradição opressor-oprimido". É oportuno afirmar que a práxis humana está intimamente relacionada às ações do homem, no sentido de alcançar seus objetivos. Vázquez (1997, p. 16) vem contribuir dizendo:

> Durante séculos os filósofos pareciam justificar as suspeitas e os riscos da consciência do homem comum e corrente, personificado a mais de vinte e cinco séculos pela empregada do filósofo Jônio, pois, longe de tratar de explicar a própria práxis e de contribuir, assim para colocá-la em sua verdadeira dimensão humana, eles viraram as costas à práxis.

Segundo Vázquez, os primeiros filósofos viraram as costas à práxis, mas podemos dizer que a concepção de práxis tem sua mais marcante expressão filosófica em Platão e Aristóteles. Platão defendia a tese da vida teórica como contemplação das essências, afirmava ele que a vida contemplativa adquire uma primazia e um estatuto metafísico que até então não tivera.

Por outro lado, Aristóteles argumenta que o trabalho físico implica o reconhecimento da superioridade do teórico sobre o prático. Para ele, "a atividade prática material carece de um significado propriamente humano". Compreendendo melhor, Platão e Aristóteles admitiram a legitimidade do que podemos chamar de práxis política, inclusive Platão teve a consciência de dizer que a teoria deve ser prática, de que pensamento e ação devem se manter em unidade.

Vázquez (1977), ao abordar o tema, revela que a teoria se torna prática não só porque seja, segundo Platão, um saber de salvação, mas porque a teoria se ajusta plenamente à prática, com que a primeira deixa de ser um saber puro e cumpre uma função social, política. Para Hegel (1807 apud VÁZQUEZ, 1977), a práxis como filosofia do fazer ou do saber passa por um momento correspondente a um processo de autoconsciência do absoluto. Nesse sentido, a práxis se reporta à prática humana do saber fazer.

A práxis se apresenta como trabalho humano, na Fenomenologia como ideia prática da Lógica. Em suma, a práxis para Hegel é, sem dúvida, uma práxis teórica em que se encontra seu fundamento, sua verdadeira natureza e sua finalidade no próprio movimento teórico do absoluto. Para passar de práxis teórica para uma verdadeira práxis, a práxis humana, será preciso fazer do sujeito da práxis um sujeito real.

Na perspectiva de Feuerbach (1844 *apud* VÁZQUEZ, 1977), a prática é usada como contraposição ao teórico, enquanto o ponto de vista teórico corresponde à consideração do objeto em si mesmo, prescindindo de sua relação com o homem, do ponto de vista prático acarreta a consideração do objeto em relação a ele, como objeto que satisfaz às necessidades do seu coração.

Vázquez (1997) afirma que Feuerbach não concebe a práxis humana como atividade produtiva e atividade revolucionária dos homens no processo de transformação de suas próprias relações sociais e como prática social no processo de conhecimento, mas sim a prática tem um sentido estreito, utilitário, não pode servir de fundamento para o conhecimento.

Segundo Marx (1843 *apud* VÁZQUEZ, 1977), a relação existente entre teoria e práxis é teoria e prática, prática na medida em que a teoria, como guia de ação, molda a atividade do homem, particularmente a atividade revolucionária; teórica na medida em que essa relação é consciente. Pode-se dizer que o entendimento de Marx sobre a palavra práxis se refere a uma categoria central da filosofia. Por outro lado, as Teses de Feuerbach são, por sua vez, um processo teórico e prático. Podemos verificar no Manifesto Comunista que Marx faz a seguinte síntese:

> O Manifesto é a teoria revolucionária da organização política em que se dispõe em transformar revolucionariamente a sociedade. Ao organizar e dirigir esta luta, como mediador entre a teoria e práxis, o Partido faz com que a teoria perca seu caráter meramente teórico e, ao transpô-lo para o plano da organização, é o lugar prático, real, em que se opera a unidade entre pensamento e ação (MARX, 1843 *apud* VÁZQUEZ, 1997, p. 175).

Conforme assinala Marx (1843 *apud* VÁZQUEZ, 1977), a práxis medeia uma relação entre o homem e a natureza, que é conscientemente transformada no processo produtivo que lhe define a utilidade. A práxis expressa o poder que o homem tem de transformar o ambiente externo. O autor afirma que para Marx a relação entre teoria e práxis é teórica e prática, prática na medida em que a teoria, como guia da ação, molda a atividade do homem, particularmente a atividade revolucionária; teórica na medida em que essa relação seja consciente.

Na perspectiva gramsciana, a práxis é concebida como uma atividade humana racional. Na visão de Habermas, a práxis é entendida como técnica científica que deve ser empregada para desvelar ou desmitificar a sociedade burguesa capitalista. Para ele, a práxis também é concebida como técnica-científica de caráter reflexivo e emancipador e deve ser empregada como recurso para o desenvolvimento de uma crítica sobre os objetos da ciência. Paulo Freire (2005), em *Pedagogia do Oprimido*, afirma que "práxis é quefazer, ou seja, o quefazer é teoria e prática e emergem de ação e reflexão do ser humano". Vejamos o ponto de vista do autor.

> Os homens são seres da práxis. São seres do quefazer, diferentes, por isto mesmo, de animais, seres do puro fazer... Os homens, pelo contrário são seres do quefazer "emerge" dele e, objetivando-o, podem conhecê-lo e transformá-lo com seu trabalho... Se os homens são seres do quefazer é exatamente porque seu fazer é ação e reflexão. É práxis. É a transformação do mundo. E, na razão mesma em que o quefazer é práxis, todo fazer do quefazer tem de ser uma teoria que necessariamente o ilumine. O quefazer é teoria e prática. É reflexão e ação. (FREIRE, 2005, p. 141).

De acordo com o pensamento de Freire, a práxis está relacionada com o modo pelo qual os homens exercem sua atividade humana, assim, o trabalho enquanto prática social é o elemento central nesse processo de construção da ação e reflexão com vistas à transformação de uma realidade social em que o homem esteja intimamente envolvido. Gadotti (1995), em "Pedagogia da práxis e educação ambiental", revela que para escrever o livro *Pedagogia da Práxis* inspirou-se em Marx e Paulo Freire, para dizer que:

> Práxis, em grego, significa literalmente ação. Assim, a Pedagogia da práxis poderia ser confundida com a pedagogia da ação defendida pelo movimento da Escola Nova. Poderia ser considerada como uma versão da pedagogia pragmática que entende a práxis como prática estritamente utilitária, reduzindo o verdadeiro ao útil. Ao contrário, mais do que a Escola Nova, a pedagogia da práxis evoca a tradição marxista da educação, embora a pedagogia aqui apresentada transcenda o marxismo. Na nossa visão, práxis significa ação transformadora (GADOTTI, 1995, p. 2).

Nessa perspectiva, o autor apresenta alguns temas consequentes em relação à educação dizendo que as palavras "contradição", "determinação", "reprodução", "mudança", "trabalho", "práxis", "necessidade", "possibilidade" são categorias da literatura pedagógica contemporânea, sinalizando uma perspectiva da educação como práxis transformadora.

Nosso pensar está relacionado ao pensamento de Marx, Vázquez, Freire e Gadotti, pois entendemos que a práxis do educador é uma prática transformadora voltada para o processo de ensino e aprendizagem. Nessa direção, Gramsci (1978, p. 68-69) enfatiza que a "práxis não é somente a teoria objetiva e crítica na história e das relações sociais da sociedade capitalista, mas um arcabouço de onde o proletariado pode extrair os meios da ação revolucionária".

Nosso estudo apresenta a práxis como ação-reflexão-ação do educador de jovens e adultos, e que o profissional dessa categoria possa desenvolver sua consciência por meio de sua própria práxis, sua própria ação. Acreditarmos que esse profissional será capaz, por meio de sua prática educativa, de contribuir para uma educação transformadora frente ao processo de ensino e aprendizagem dos estudantes da EJA.

Nesse percurso conceitual observamos que a práxis é um elemento de natureza humana que envolve o homem em suas ações práticas reflexivas. Nesse âmbito, a práxis poderá ser considerada como um conceito relacional entre teoria e prática, uma vez que a construção teórica deve apoiar-se na reflexão crítica em que prática e ação sejam elementos exercícios pelo homem.

É importante acrescentar que o homem é um ser social, que se relaciona permanentemente em todas as esferas da sociedade, intervindo no mundo e sendo sujeito concreto de suas decisões. Nesse sentido, podemos dizer que a práxis cumpre um importante papel no processo educacional. Essa dimensão, portanto deve ser desenvolvida de forma consciente, coerente e com compromisso primeiro, onde o homem possa refletir sobre suas ações no tempo e espaço em que ele está inserido.

Diante desse ponto de vista, a práxis filosófica e a práxis humana são atividades em que o homem acredita que essas possam contribuir com o processo de ensino e aprendizagem, por meio do pensar do educando e do educador. Nessa busca do conhecimento científico e filosófico ocorrem a ação-reflexão-ação, prática e teoria do ser pensante.

Podemos dizer que o homem, frente às mudanças sociais, conseguiu encontrar importantes caminhos que lhe oportunizassem o pensar certo, o pensar verdadeiro, o refletir, o agir em relação à busca de novos objetivos educacionais. Entendemos que essas mudanças vieram contribuir com o processo de ensino e aprendizagem, facilitando a compreensão do homem na busca de diversos tipos de conhecimentos que facilitassem o entendimento do ser humano na realização de suas atividades docentes. Casério (2003, p. 17, *apud* VÁZQUEZ, 1986) vem contribuir com este pensar.

> A consciência do homem está sempre presente na práxis, mas não pode ser considerada práxis. É uma atividade teórica que na verdade não se materializa, pois é atividade mental, espiritual, não leva a uma prática transformadora da realidade. Que se trate

de formação de finalidades quer da produção de conhecimento, a consciência não ultrapassa seu próprio âmbito, isto é, sua atividade não se objetiva ou se materializa.

Apoiado no pensar dos teóricos críticos como Gramsci, Marx, Freire, Gadotti, podemos dizer que práxis é um processo educativo, é a atividade humana onde sua ação se concretiza pela ação do homem sob uma determinada matéria, pelo instrumento que era utilizado na transformação do resultado de sua ação. Entendemos que nesse contexto toda pesquisa necessariamente utiliza-se de uma prática, dentro desse contexto, a prática pedagógica frente ao seu fazer docente. Toda pesquisa necessita de elementos pertinentes para sua realização. Nesse caso, a práxis vem contribuir com o processo do trabalho docente do educador da Educação de Jovens e Adultos.

De acordo com os esclarecimentos de Gadotti (1995), é importante entender que o termo práxis está intimamente relacionado com a prática do trabalho docente do educador da Educação de Jovens e Adultos, estudo que nos remete à fundamentação de Marx (1843 *apud* Vázquez, 1977), Freire (2005) e Gadotti (1995). No entanto, sobre os esclarecimentos da práxis e da prática, podemos verificar em Newton Duarte, em seu artigo "A filosofia da práxis em Gramsci e Vigotski", apresentado em 2007, na VI Jornada do Núcleo de Ensino na Universidade Estadual Paulista (UNESP), Campus de Marília, afirmando que: "A palavra práxis usada em alemão por Marx pode perfeitamente ser traduzida por prática nas famosas Teses sobre Feuerbach".

A tradução feita por José Carlos Bruni e Marco Aurélio Nogueira (MARX; ENGELS, 1993) e a tradução feita por José Arthur Giannotti (MARX, 1978) optaram pelo uso em português das palavras práxis, ao passo que a tradução feita por Rubens Enderle, Nélio Sheneider e Luciano Cavini Martorano (MARX; ENGELS, 2007) adotou o substantivo "prática" na tradução das teses, mas empregou também a palavra "práxis" em algumas passagens da Ideologia Alemã, Marx e Engels (2007, p. 35-36).

Em Portugal, a tradução publicada nas Obras Escolhidas de Marx e Engels optou por usar a palavra práxis. Em espanhol, a edição das Obras Escolhidas (MARX; ENGELS, 1976, p. 7-11) optou pela tradução das teses e pela utilização da palavra "práctica" ao invés de práxis. Em edição francesa, a palavra usada é "pratique". Em italiano, com tradução de Palmiro Togliatti, a opção de tradução adotada foi "attività pratica". Em inglês, em edição de 1938, a palavra usada foi *practice*. Mormente a esta diversidade de traduções, observamos que a dinâmica teórica em que vários autores apresentam a noção de práxis vem contribuir para melhor compreendermos o conceito, dada sua importância para o trabalho do educador.

É importante ressaltar que a palavra práxis, no sentido revolucionário, é uma atividade teórico-prática, no sentido de que a teoria apresenta modificações constantes em relação à realização da prática. Outro ponto em relação à palavra práxis é que ela é compreendida como atividade de transformação das circunstâncias que nos permite formar ideias, desejos, vontades, teorias e ainda nos remete a criar uma nova circunstância. Nesse sentido, nem a teoria se cristaliza como dogma, nem a prática se cristaliza numa alienação. Nesses termos, podemos afirmar que o conceito de práxis revolucionário é uma relação entre a teoria e a prática transformadora.

No aspecto pedagógico, a práxis é um processo pelo qual a teoria é executada ou praticada se convertendo em experiência vivida pelo ser humano, no caso pelos educadores da EJA. Podemos exemplificar da seguinte maneira. Enquanto no ensino uma explicação é absorvida em nível intelectual, as ideias são apenas colocadas à prova de experimentação do mundo real, seguida de uma reflexão. Na educação, a práxis é utilizada para descrever um processo de ensino e aprendizagem, pois práxis pedagógica deve ser uma prática de liberdade na busca do conhecimento e do autoconhecimento do campo educativo que envolva docentes e discentes em suas atividades práticas.

Ao longo da história, a humanidade tem se modificado por meio das mudanças e acontecimentos sociais, culturais, políticos, econômico e educacionais em relação aos tipos de trabalho existentes.

A sociedade tem se evoluído mediante as transformações ocorridas de tempo em tempo. Nesse sentido, a questão trabalho surgiu diante das necessidades de sobrevivência humana, daí a necessidade de cada sociedade ir se organizando e se adequando frente à realização de vários tipos transformações de trabalho.

Destacamos a palavra trabalho propriamente dito tendo origem no latim, que corresponde a *tripalium*, que correspondia a um instrumento constituído com três paus fincados no chão em forma de pirâmide que servia para os escravos baterem trigo e espigas de milho para liberar as palhas e cabelos. Em outra situação, os romanos transformaram o *tripalium* em um instrumento de tortura para as pessoas que deixassem de pagar impostos. Em outro momento, essa palavra foi sendo associada à realização de atividades.

Todos nós sabemos que o trabalho é uma necessidade humana, sem o qual o homem não adquire seus meios de sobrevivência. Na sociedade primitiva, a humanidade contava com elementos muitos rudimentares para a realização de seu trabalho. Utilizavam pau, machado de pedra, faca de pedra e lanças para a realização de suas atividades. Nesse período o homem enfrentava muitas dificuldades diante às forças da natureza para produzir alimentos e garantir a obtenção de recursos para sua sobrevivência.

Com o passar do tempo, o homem foi acumulando conhecimentos, aprendeu a fazer ferramentas de metais, melhorou a qualidade das armas para caça, aprendeu a construir instrumentos para o cultivo da agricultura, aprendeu a domesticar animais que serviam para ajudar em seu trabalho no intuito de facilitar a realização de seu trabalho e dispor de reservas para enfrentar os desastres naturais. O homem aos poucos foi criando hábitos de trabalho e melhorando a sua qualidade de vida.

Vale destacar que na Antiguidade não existia a relação de trabalho entre as pessoas, existia uma relação escravizador-escravo, nessa época o trabalho era realizado pelos escravos, obviamente. Na Idade Média, a relação de trabalho era senhor-servo, em que o escravo podia sair das terras do seu senhor e ir para onde desejasse, desde de que não devesse ao dono das terras. Na Idade Moderna existiam várias empresas familiares que vendiam produção artesanal e todos os membros da família trabalhavam juntos para vender seus produtos no mercado. É importante afirmar que cada período histórico é marcado por um tipo de organização social, político, econômico, cultural, e cada um apresenta seus hábitos e costumes necessários a cada época. Nesse aspecto, compreendemos que o trabalho é essencial para o crescimento e funcionamento de uma sociedade, porém o trabalho humano é responsável pela produção de alimentação e demais produtos inerentes ao consumo e à sobrevivência do próprio homem.

Ricardo Antunes (2004, p. 13) assim conceitua o termo: "o trabalho é a fonte de toda riqueza segundo os economistas", acrescenta ainda que "o trabalho é muito mais do que isso, é a condição básica e fundamental de toda a vida humana". Nessa direção, o trabalho é realmente a fonte onde o ser humano busca melhorar seu patamar de vida, alcançar melhores condições de sobrevivência, pois o homem se sustenta e alimenta sua família trabalhando, oportunizando melhores condições de sobrevivência. Na verdade, o trabalho é uma questão evolutiva que nunca termina, é um ato contínuo realizado por meio da ação do homem.

Silva (2010, p. 40) em seu trabalho, "A reconstrução dos caminhos da educação profissional em Manaus: refletindo sobre a criação da casa dos educandos artífices", afirma: "etimologicamente a palavra trabalho origina-se do latim *tripalium,* que significa (três paus) um verdadeiro instrumento de tortura, onde escravos e animais domésticos atendem com o corpo às necessidades da vida".

Nesse aspecto, o trabalhador estava ligado diretamente à terra e às oficinas, sem que tivesse outras perspectivas de vida, a não ser trabalhar para não morrer de fome. O autor acrescenta que o homem que pensa em ser livre começa a acreditar que pode haver, nesta vida, um progresso real, uma diminuição de sua jornada de trabalho para um melhor estilo de vida. Nessa perspectiva, contribui:

> Marx em O Capital, referindo-se a divisão do trabalho e a manufatura, mostra que a cooperação simples não traz grande mudança no modo de trabalho do

> indivíduo, ou seja, o processo de trabalho contínua sendo determinado pelo trabalhador ao passo que, na manufatura, o processo de trabalho é subordinado realmente, ao capital que transforma o trabalho, entendido como ato de criação e recriação, em processo fenômeno de valorização do capital. (SILVA, 2010, p. 42).

É de suma importância compreender que o autor nos remete a uma maior compreensão sobre a relação do processo de trabalho humano. Fica claro que o homem é subordinado ao trabalho e dele tira seu sustento, ainda que seja explorado. Frigotto (1988, p. 29 *apud* KOSIK, 1986) em "Educação, crise do trabalho assalariado e do desenvolvimento: teoria em conflito" afirma: "o trabalho é um processo que permeia todo o ser do homem e constitui a sua especificidade". Compreendemos que o trabalho esteja relacionado com as necessidades específicas do homem para a sua sobrevivência, porém não significa dizer que o homem seja explorado pelo próprio homem por meio do trabalho. Kuenzer (1998) explica:

> A concepção de trabalho, enquanto práxis humana, material e não material, que objetiva as condições de existência, e que, portanto, não se encerra na produção de mercadorias, e concepção de trabalho para produzir mais-valia, forma histórica específica que assume o modo de produção capitalista. A partir desta concepção de trabalho, passou-se a trabalhar com a categoria princípio educativo, compreendida como proposta pedagógica determinada pelas bases materiais de produção. (KUENZER, 1998, p. 55).

É importante destacar que o trabalho material e intelectual está intimamente relacionado com a teoria e a prática em relação ao fazer docente. Bomfim (2010, p. 89) em seu trabalho intitulado "Trabalho docente na escola pública brasileira: as finalidades humanas em risco", considera que "o trabalho de ensinar está relacionado com a formação do homem e é precisamente na ação sobre o mundo objetivo que o homem se constitui como humano".

Nessa perspectiva, Feldmann (2009, p. 76) acrescenta que "o trabalho docente mostra um espaço privilegiado para a compreensão das transformações atuais do mundo do trabalho, por se constituir uma profissão de interações humanas". Podemos afirmar que o trabalho pedagógico está relacionado com a ação do educador no sentido de efetivar a sua prática docente.

Conforme a autora, os professores em seu ambiente de trabalho aprendem a lidar com questões de natureza ética, política, social, ideológica e cultural. Para dar conta dessa diversidade de conhecimento, o professor precisa se preparar buscando novos conhecimentos por meio da formação continuada, pois são poucos os profissionais com formação para lidar com essa diversidade de conhecimento.

Freire (2006, p. 38) enfatiza: "ensinar exige reflexão sobre a prática, onde a formação permanente dos professores é um momento fundamental de reflexão crítica sobre a prática". É pensando criticamente a prática de hoje ou de ontem que poderemos melhorar a próxima prática. Nessa perspectiva, a prática em Freire corresponde a uma prática docente refletida, na qual o educador assume o compromisso com a sua prática docente.

O educador da Educação de Jovens e Adultos precisa refletir sobre sua prática docente, sobre as mudanças ocorridas no mundo do trabalho educativo, uma vez que a reflexão crítica, o pensar reflexivo do educador e educando aceleram o processo de compreensão do conhecimento científico. Compreendemos que o pensar reflexivo favorece o diálogo frente à construção de um novo diálogo e isto oportuniza a busca de novos conhecimentos, pois um novo saber docente se constitui de um novo pensar, de uma nova consciência humana, e esta busca a sua própria educabilidade frente ao processo educativo.

O aprender a fazer e o aprender a conhecer envolvem processos educativos que contribuem na formação do educador da EJA, enfatizando sua dimensão profissional junto ao processo de ensino e aprendizagem. Nessa perspectiva, a formação do profissional da educação é importante porque assume o educar para a cidadania e para a sociedade em que está envolvido.

O aprender a fazer e o aprender a conhecer, de acordo com Behrens (2006), nos remete a uma reflexão da prática docente e do fazer pedagógico do educador de jovens e adultos. Dessa forma, essa prática educativa deve pautar-se na experiência de vida, pois é por meio dessas experiências que o educador encontra alternativas para efetivar as suas ações pedagógicas, é por meio dessa prática docente que os conhecimentos de ontem correspondem aos conhecimentos de hoje. Entendemos que o trabalho docente do EJA apresenta suas limitações no que diz respeito a compreender um processo educativo de maior complexidade. Nesse sentido, compreendemos por complexidade a burocracia da escola, os conteúdos programáticos distanciados da realidade discente, exigências do cumprimento dos conteúdos programáticos.

Gonzáles (2005) constata que os homens criaram saberes para satisfazer suas necessidades vitais, sentiram profundo impulso para o conhecimento da verdade, com o tempo esses conhecimentos se agigantaram tanto que em um determinado momento da sua história as sociedades sentiram necessidade de reservar espaços específicos para implementar o processo educativo.

Mediante compreender o espaço educativo, a escola tem procurado alternativas para atender aos providos e desprovidos de ensino, porém, para atender essa demanda, esbarra em várias dificuldades, tais como: falta de condições estruturais, currículo inadequado para a modalidade de ensino EJA, falta de qualificação de profissionais nas áreas, falta de autonomia e recursos didáticos que dificultam o atendimento com qualidade da comunidade discente.

Compreendemos que a existência desses fatores compromete o ensino de melhor qualidade e dificulta o processo de ensino. Acreditamos que uma formação adequada para o professor poderá ajudar a reverter essas lacunas existentes na escola. É por meio da busca de novos conhecimentos que poderá haver mudanças no campo de ensino.

O trabalho docente realizado pelo profissional que atua na Educação de Jovens e Adultos requer conhecimentos específicos para que possa lidar com as diversidades no campo do ensino. É preciso que esse educador conheça e entenda como está organizada a estrutura funcional da educação para que entenda o seu trabalho docente.

O educador da EJA está sempre à disposição na busca de novos conhecimentos, deve apresentar interesse para participar de atividades que envolvam o processo educativo. Esse profissional é um articulador, organizador e intelectual que lida com vários aspectos culturais que envolvem o aluno. Para esse profissional desenvolver suas atividades pedagógicas, precisa de qualificação, para não se tornar um professor instrutor que apenas esteja preocupado com conteúdo didáticos.

Podemos dizer que a prática do educador EJA ocorre por meio de um processo dinâmico em sua trajetória profissional com base em um bom convívio entre seus pares, buscando efetivar cotidianamente sua prática docente. A construção da identidade do educador da EJA está além da sala de aula, das abordagens técnicas e metodológicas das práticas educativas.

O Plano Nacional de Educação (PNE) de 98 defende a valorização do professor e diz que se deve levar em conta a formação continuada dos educadores, que todos devem receber qualificação profissional para poder lidar com uma diversidade de conhecimento envolvendo vários fatores da escola. O educador deve estar preparado para planejar sua aula dentre outros aspectos.

O Plano defende que esse profissional deve ser valorizado com piso salarial para a careira do magistério. Os pontos abordados pelo PNE são pertinentes porque se referem aos aspectos necessários à realização do trabalho docente, mas é preciso que sejam efetivados na prática para que possam atender a valorização dos profissionais da educação. Com o cumprimento dos preceitos que preconizam o PNE frente à qualificação profissional da EJA, temos certeza que a educação será de melhor qualidade.

O Parecer da Câmara de Educação Básica/CEB/11/2000 esclarece: "o preparo de um profissional docente deve incluir, além das exigências formativas para todo e qualquer aspecto, aquelas relativas à complexidade diferencial desta modalidade de ensino". Esse profissional do magistério deve estar preparado para interagir efetivamente com os estudantes, estabelecendo o exercício do diálogo, da interação, do respeito no processo de ensino e aprendizagem.

2.2 FORMAÇÃO PROFISSIONAL E O FAZER PEDAGÓGICO DO EDUCADOR DA EJA

Saviani (2008, p. 143) "Formação de professores: aspectos históricos e técnicos do problema no contexto brasileiro", afirma:

> [...] a necessidade da formação docente já fora preconizada por Comenius no século XVII e o primeiro estabelecimento de ensino destinado à formação de professores teria sido instituído por São João Batista de La Salles em 1684.

Todo educador tem consciência de que a formação profissional é de suma importância para o seu fazer pedagógico na Educação de Jovens e Adultos, por isso deve exigir os seus direitos.

Percebemos que o educador busca a cada momento qualificação para a realização de seu trabalho docente, diz Saviani (2008, p. 148): "a formação de professores se configurou a partir do século XIX", isso não significa dizer que o fenômeno da formação de professor tenha surgido apenas neste momento, muito antes já havia escolas tipificadas pelas universidades instituídas desde o século XVI que visavam essa formação. Nesse percurso da história de formação constatou-se que o primeiro modelo de formação foi baseado na pedagogia tradicionalista. Borgh (2007), em "Formação de educadores da EJA: inquietações e perspectivas", diz que:

> A possibilidade de pensar a formação do educador a partir da compreensão de homens e mulheres que, enquanto sujeitos da práxis, vão se constituindo, pode ser um caminho para romper com os processos engessados que suprimem a subjetividade dos

> educares, ignorando suas histórias de vida e, até mesmo, a realidade dos estudantes. Não significa dizer que a socialização das experiências vividas pelos professores, o conhecimento do que sabem e como sabem, seja suficiente para resolver os desafios da formação. (BORGH, 2007, p. 234).

O pensar de Borgh (2007) nos remete a reflexões sobre a formação crítica do educador da Educação de Jovens e Adultos, porque esse educador pode contribuir criticamente para a formação do educando. Acreditamos que para o educador da Educação de Jovens e Adultos será necessário formação específica em sua área, na qual esse profissional possa participar de formações continuadas possibilitando a realização de seu trabalho docente com maior segurança.

Nessa perspectiva de qualificação profissional em favor dos educadores brasileiros, os governos Federal, Estadual e Municipal deveriam assumir uma postura de responsabilidade, que cumprisse o que determina a Constituição Federal de1988, artigo 206, inciso V, quando afirma: "a valorização dos profissionais de ensino deve ser garantida na forma da lei, planos de carreira para o magistério público, com piso salarial profissional e ingresso exclusivamente por concurso público de provas e títulos" (BRASIL, 1988).

A LDB 9.394/96 em seu artigo 3º, inciso VII destaca: "o ensino será ministrado com base nos seguintes princípios": o princípio da "valorização do profissional da educação escolar"; acrescenta no inciso X, "a valorização da experiência extraescolar" deve ser valorizada e respeitada: o Parecer CNE/CEB 11/2000, acrescenta:

> A formação dos docentes de qualquer nível ou modalidade deve considerar como meta o dispositivo do art. 22 da LDB. Ela estipula que a educação básica tem por finalidade desenvolver o educando, assegurando-se formação comum indispensável para o exercício da cidadania e fornece-lhe meios para progredir no trabalho e nos estudos posteriores. Este fim, voltado para todo e qualquer estudante, seja para evitar discriminações, seja para atender

> o próprio art. 61 da LDB, é claro a este respeito. A formação de profissionais da educação, de modo a atender aos objetivos dos diferentes níveis e modalidades de ensino e as características de cada fase de desenvolvimento do educando.

Essa afirmação nos leva a pensar por que não são cumpridas o que determina as legislações educacionais frente às condições de trabalhos oferecidas aos educadores da EJA: por que os governos não cumprem essas legislações? Parecem não ser favoráveis a eles a busca de conhecimentos desses profissionais para a realização de suas práxis. Se as condições de trabalho e de formação não estão de acordo com o que estabelece as legislações educacionais, como fazer para que o educador de jovens e adultos seja um elemento de formação crítica de seus educandos e do processo educativo.

Acreditamos que os governos voltados para o processo ideológico de dominação não têm interesse em oportunizar formação para o educador, o educador crítico que precisa buscar construir, reconstruir leituras pertinentes onde ele possa compreender o processo de ensino e aprendizagem em todos os seus níveis. Acreditamos que os governos só oferecerão formação continuada aos seus educadores por meio de um movimento organizado pela sociedade, onde haja pressão em todos os níveis de ensino. Por meio desse movimento, as conquistas em relação à educação e à qualidade de ensino poderão surgir, contribuindo dessa forma com o processo educativo. Freire (2006) nos remete aos seguintes aspectos:

> Ensinar exige reflexão crítica sobre a prática. O pensar certo, por exemplo, que não é a partir dele como um dado, que se com forma a prática docente critica, mas sabe também que sem ele não se funda aquela. A prática docente crítica, implicante do pensar certo, envolve o movimento dinâmico, dialético, entre o fazer e o pensar sobre o fazer... É fundamental que, na prática da formação docente, o aprendiz de educador assuma que o indispensável pensar certo não é presente dos deuses sem se acham nos

> guias de professores iluminados intelectuais... Na formação permanente dos professores, o momento fundamental é o da reflexão crítica sobre a prática (FREIRE, 2006, p. 38-39).

Compreendemos que a formação do educador da EJA e sua prática pedagógica estão intimamente relacionadas com a eficiência de seu trabalho, por meio do seu querer fazer, portanto, esse profissional precisa estar dotado de conhecimentos para poder concretizar sua atividade docente. Esse fazer pedagógico deve estar amparado na teoria e experiência do seu cotidiano, sobre os sujeitos do processo de ensino-aprendizagem. Nesse sentido, o conhecimento será valorizado, organizado e não fragmentado para o processo de ensino.

Entendemos que o conhecimento pertinente é aquele capaz de fazer com que o profissional da educação consiga, frente à sua ação docente, desvendar implicações que interferem na concretização de seu trabalho. Desse modo, o conhecimento pertinente oportuniza aos discentes e docentes compreensão do mundo educativo e do mundo do trabalho.

Nesses termos, o educador se volta para o processo de ensino e aprendizagem se integrando como homem capaz de solucionar os problemas vigentes em seus aspectos físico, cognitivo, social, moral e ético, fatores estes que contribuem significativamente para o aperfeiçoamento profissional da EJA. Isso somente poderá ocorrer se, somente se, esse profissional for capaz de ler, ver e entender o mundo em várias dimensões.

Entendemos que as universidades deveriam assumir com mais rigor o papel da formação continuada dos educadores da EJA. Deveria haver mais e melhor organização sobre a formação continuada, pois, dessa forma, qualificaria o profissional com menos dificuldades, uma vez que o educador da Educação de Jovens e Adultos representa uma contínua luta em busca de novas perspectivas frente à realização de sua formação e de seu fazer pedagógico.

Vemos que grandes são as responsabilidades do educador neste mundo da exigência, da classificação, da exclusão, e muitas vezes esse trabalhador da educação não dá conta dos seus afazeres em relação à sua prática pedagógica, porque as exigências do sistema são inúmeras e as condições de trabalho são ínfimas. José Carlos Barreto e Vera Barreto (2008, p. 82) evidenciam que: "estabelecer uma dicotomia entre teoria e prática faz com que se possa imaginar a formação como um espaço teórico e a ação como um espaço prático tratado separadamente".

Nesse aspecto, percebemos que o educador da EJA enfrenta grandes dificuldades para obter uma formação crítica para compreender o educando em seus aspectos sociais. Freire (2006), em seu livro *Pedagogia da Autonomia: saberes necessários à prática educativa*, nos diz:

> Ao pensar sobre o dever que tenho, como professor, de respeitar a dignidade do educando, sua autonomia, sua identidade em processo, devo pensar também, como já salientei, em como ter uma prática educativa em que aquele respeito, que sei dever ter ao educando, se realize em lugar de ser negado. Isto exige de mim uma reflexão crítica permanente sobre minha prática através da qual vou fazendo a avaliação do meu próprio fazer com os educandos. (FREIRE, 2006, p. 64).

Como assinala o autor, o educador da EJA deve refletir sobre a sua prática docente buscando, por meio da reflexão crítica, contribuir na formação crítica do educando. Compreendemos que o processo de formação discente e docente é diferenciado, porém, no processo de ensino e aprendizagem um aprende com o outro, neste caso, a busca do conhecimento se torna mais refletida e desafiadora para ambos.

O interesse docente e discente deve pautar-se em desafios sobre as mudanças que ocorrem na sociedade, compreendendo por que o processo educativo é dinâmico e requer ação-reflexão-ação. O educador e educando, segundo Freire (2006), devem pensar certo, refletir certo sobre o processo de amadurecimento de suas ideias e do mundo em que está envolvido.

O docente deve refletir sobre o processo de amadurecimento de sua formação, enquanto indivíduo que vive no mundo, pois a

História é sempre uma possibilidade; igualmente, o educando deve estar sempre em mudança, reinventando e reivindicando o processo de transformação social, uma vez que este reivindicar e reinventar vai contribuir em seu contexto específico cultural e histórico. Nessa perspectiva de busca de conhecimentos, Freire (2001, p. 78) apresenta a seguinte questão:

> A tarefa fundamental do educador e da educadora é uma tarefa libertadora. Não é para encorajar os objetivos do educador e as aspirações e os sonhos a serem reproduzidos nos educandos, os alunos, mas para originar a possibilidade de que os estudantes se tornem donos de sua própria história. É assim que eu entendo a necessidade que os professores têm de transcender sua tarefa meramente instrutiva e assumir a postura ética de um educador que acredita verdadeiramente na autonomia total, liberdade e desenvolvimento daqueles que ele ou ela educa.

Nosso entendimento sobre o exposto do autor é de que o educador é um elemento fundamental para o processo de transformação social e para formação crítica do educando, isso porque lidar, conviver, conversar, sugerir, explicar e ensinar os caminhos que o educando precisa é uma tarefa um tanto quanto difícil e poucos são os profissionais que a assumem. A formação crítica deve remeter o estudante a uma análise de sua vida social, de seu trabalho, de sua história de vida e sobre o processo de não alienação.

Nessa direção, os educadores de jovens e adultos devem contribuir no processo de formação crítica do educando, no sentido de seus alunos compreenderem o fazer pedagógico do professor, conhecer o processo democrático de emancipação frente ao ensino e aprendizagem. O educador é um formador de opinião e deve assumir a postura do não autoritário, e sim uma postura democrática e libertadora. Dessa forma, o educador da EJA poderá contribuir significativamente com o processo de ensino e aprendizagem de seus educandos, oportunizando-os a reflexão crítica sobre o processo educativo.

A formação do educador da EJA e o seu fazer pedagógico tem sido discutido em vários momentos, nos congressos nacionais, estaduais e a nível internacional, na intenção de suprir as lacunas existentes em relação ao atendimento de jovens e adultos. Nos últimos anos ocorreram grandes iniciativas de vários educadores na tentativa de reverter lacunas existentes na modalidade EJA, principalmente no que tange à formação dos educadores.

As discussões e os debates sobre a Educação de Jovens e Adultos foram oportunos porque contribuíram significativamente com o processo de formação dos educadores e oportunizaram conhecimentos específicos sobre essa modalidade de ensino. Podemos afirmar que os congressos nacionais e internacionais discutiram vários pontos em relação à EJA, entre os quais: qualificação profissional continuada, currículo próprio, salário digno, dentre outros. Freire (2001, p. 98) diz que:

> A educação não é a chave, a alavanca, o instrumento para a transformação social. Ela não o é, precisamente porque deveria ser. E é extremamente esta contradição que explicita que ilumina, que desvela a eficácia limitada da educação. O que quero dizer é que a educação é limitada, a educação sofre limites. Aliás, isto não é privilégio da educação, não há prática humana que não esteja submetida a limites, que são históricos, políticos, ideológicos, culturais, econômicos, sociais, limites de competência do sujeito ou dos sujeitos, limite de sanidade do sujeito: há limites que fazem parte da natureza da prática e há limites que estão implícitos na natureza finita dos sujeitos da prática.

A reflexão de Freire é muito oportuna porque nos permite compreender a existência entre a teoria e a prática de muitos educadores. Essa dicotomia não ocorre por acaso, mas pela falta da formação continuada do educador da EJA; por outro lado, as condições de trabalho oferecidas ao docente para a realização de seu fazer pedagógico são ineficientes. Fica claro que se não houver comprometimento das instituições públicas e do governo, os profissionais docentes ficarão sempre à mercê de novos conhecimentos das mudanças políticas, culturais, econômicas e sociais.

Saviani (1986, p. 52) nos diz que

> [...] o estudo das raízes histórico da educação mostra a estreita relação entre educação e consciência que o homem tem de si mesmo, consciência essa que vem evoluindo progressivamente de época para época.

É oportuno dizer que o educador do século XXI deve ter convicção do que vai ensinar, porque ensinar significa alcançar os objetivos traçados para o processo educativo. Pensar, refletir o saber fazer, o saber compreender, o saber entender nos possibilita conhecer melhor o processo de ensino e aprendizagem.

A Constituição Federal de 1988, no art. 214, afirma: "a educação com vista à formação de professores é um direito assegurado ao cidadão que queira obter qualificação profissional para o trabalho" (BRASIL, 1988). A legislação defende o direito de formação continuada dos educadores, porém as ações empreendidas para qualificar esses profissionais não acontecem. Esse déficit de formação dos educadores afeta o processo de ensino.

Vários são os debates, seminários, simpósios municipais, estaduais e nacionais que vem ocorrendo sobre temas relacionados à educação em que são discutidas várias questões, entre as quais: formação continuada para o educador da EJA, currículo próprio, formação específica dos educadores, melhores condições de trabalho, política salarial digna e material didático específico, para que o educador possa se debruçar sobre o processo de ensino e aprendizagem.

É pertinente reafirmar que a precariedade da formação dos educadores de jovens e adultos está relacionada à ausência de uma política de formação específica, em particular nos cursos de graduação em Pedagogia. Os estudantes do curso de Pedagogia apresentam uma realidade distanciada da vida de estudantes, pois a teoria está desassociada de prática. Couto e Bomfim (2010), em seu artigo, "O permanente amadorismo em EJA", afirma:

> Presenciamos atualmente aceleradas mudanças nas relações sociais, políticas e econômicas, num mundo que aumenta o individualismo enquanto amplia uma centralização econômica e reduz ao mesmo tempo a responsabilidade do Estado. Vê-se diminuídos os direitos sociais básicos, o que contribui muito para uma sociedade menos solidária, que não se pauta na coletividade, na justiça e na igualdade. Ao mesmo tempo uma "naturalização" dessas relações, como se fossem as únicas possíveis, limitando as ações dos indivíduos a agentes incapazes de construir sua própria história... Mecanizou-se as relações sociais, privilegiou-se novamente a educação tecnicista e ainda, longe ficou uma educação libertadora... Neste contexto, nos deparamos com o professor que, inserido nesta realidade, necessita de uma formação que possibilite um "olhar para fora", uma reflexão sócio histórica. (COUTO; BOMFIM, 2010, p. 10)

Diante desse argumento, o educador de jovens e adultos necessita de uma formação que ultrapasse os limites dos componentes curriculares e técnicos e enverede-se pelo caminho da ação libertadora do fazer pedagógico, do saber pensar e refletir sobre o mundo em que esses seres humanos estão inseridos. O educador do século XXI precisa de uma formação sólida apoiada em uma fundamentação teórica que lhe permita analisar, interpretar, entender a realidade na qual está inserido.

Nesse sentido, a formação para o educador da EJA deve ser cada vez mais específica, para que esse profissional tenha condições de trabalhar com essa modalidade de ensino. Acreditamos que uma instituição com educadores bem preparados, que busque o conhecimento científico, que compreenda o significado de uma educação libertadora, certamente terá condições de contribuir para o ensino e aprendizado.

Nessa perspectiva, Borgh (2007, p. 234) ressalta que:

> [...] para estabelecer um diálogo entre estes saberes, será preciso que a formação inicial e continuada dos professores da EJA aconteçam a partir das necessi-

dades observadas nas práticas desses atores e não só para atender eventuais teorias legitimadas socialmente como as mais eficazes.

Importante dizer que o educador com larga formação terá condições teóricas e práticas para lidar com as diversidades dessa modalidade de ensino.

A escola hoje é um lugar onde o educador e o educando ensinam e aprendem porque os saberes aprendidos vêm do seu meio social, do seu cotidiano. Diante disso, a escola se torna um elo entre o ensino e a aprendizagem desses sujeitos envolvidos no campo de ensino, e por meio da convivência o saber vai se multiplicando a ponto de contribuir com a sociedade vigente.

Podemos dizer que a escola é um lugar onde o educador e o educando se relacionam diariamente, aprendem um com o outro, reivindicam em defesa de sua autonomia, dos seus direitos, por melhores condições de ensino. A escola é uma instituição onde todos deveriam ser tratados com igualdade de condições e direitos, mas às vezes isso não acontece. Acredito que essa situação ocorre pela instituição não ter um corpo docente sólido e coeso em seus propósitos de ensinar coletivamente.

É oportuno afirmar que em uma instituição onde não ocorra um relacionamento amigável entre seus pares, o processo educativo fica comprometido. No que tange assegurar o direito de ensinar, a Declaração Universal dos Direitos Humanos/DUDH de 1948 afirma: "A educação deve visar o pleno desenvolvimento da personalidade humana e ao reforço do respeito aos direitos do homem e das liberdades fundamentais".

Diante desse preceito, fica evidente que tanto o educando quanto o educador são sujeitos de direitos no âmbito educativo, ambos aprendem em comunhão, como afirma Paulo Freire (2001). Nessa relação, educando e educador são partícipes do processo de construção do ensino e aprendizagem.

A Constituição Federal de 1988, em seu artigo 205 estabelece:

> [...] a educação, direito de todos e dever do Estado e da família, será promovida com a colaboração da sociedade, visando o pleno desenvolvimento da pessoa, seu preparo para o exercício da cidadania e sua qualificação para o trabalho.

Acrescenta no artigo 198: "a educação, baseada nos princípios da democracia, da liberdade de expressão, da sabedoria nacional e do respeito aos direitos humanos, é direito de todos e dever do Estado e da família".

Compreendemos que os direitos assegurados pela Declaração Universal dos direitos Humanos e pela Constituição Federal sobre a liberdade de aprender, a liberdade de ensinar e buscar os conhecimentos necessários à nossa sobrevivência nos remete a compreender que será possível utilizarmos esses preceitos legislativos para fazer valer os direitos negados dos educandos e educadores. Por outro lado, o profissional da EJA do século XXI deve compreender que o conhecimento é uma busca contínua na vida do educador e do educando.

É por meio dessa busca de conhecimentos que o profissional da educação desvenda outros conhecimentos, suas ações e práticas em sala de aula serão realizadas com mais segurança. Por outro lado, a visão desse educador em relação às mudanças ocorridas no mundo do trabalho da educação se torna mais evidente, e a realização do seu fazer pedagógico será exercida com mais segurança. É importante esclarecer que se o profissional da educação for qualificado para a realização de seu trabalho, os resultados serão compensadores. Como afirma Perrenoud (2003, p. 201).

> Os professores não foram especificamente formados para serem ofício, a não ser bem tardiamente. No início, parecia normal que eles dominassem os saberes que ensinam, embora estivessem apenas um pouco mais avançados que seus alunos. Para que emerja sua preocupação com sua formação pedagógica e didática é preciso que não apenas o ensinar torne-se um ofício, mas também que se considere que, para exercê-lo, não basta apenas mostrar cultura, bom senso e habilidade de se comunicar... É necessário que

os professores devam ser formados prioritariamente por professores experientes.

Segundo o autor, o papel do educador é muito significativo, visto que o indivíduo deve ter preparo para enfrentar as exigências do mercado de trabalho excludente. Essas exigências vão de encontro com a formação do educador, já que para entrar nesse mercado de trabalho globalizado o profissional precisa ter preparação, conhecimento e formação específica.

É importante destacar que a formação do educador de jovens e adultos tem se estabelecido como uma tendência significativa nas pesquisas em educação, apontando para os processos de produção do saber docente, a partir de sua práxis docente, situando-se como uma contribuição social frente ao processo de ensino e aprendizagem.

Pimenta e Ghedin (2002, p. 23) afirmam:

> [...] é necessário que o professor seja capaz de tomar posições concretas para reduzir certos problemas. Os professores não conseguem refletir concretamente sobre as mudanças porque são eles próprios condicionados ao contexto em que atuam.

Compreendemos que a formação do educador traz resquícios de uma pedagogia tradicional, autoritária, castradora, silenciosa, de obediência, e esses aspectos são os opostos da concepção pedagógica emancipadora que oportuniza e não castra.

É necessário pensar e repensar, construir e reconstruir uma nova práxis pedagógica para que o educador da EJA possa enfrentar novos desafios adquirindo mais conhecimento para a realização do seu fazer pedagógico. Acreditamos que por meio de uma nova práxis o educador poderá compreender melhor o processo de enfrentamento das mudanças econômicas, políticas e educacionais do nosso país. Sabemos que a cada momento da história da ação pedagógica esse profissional vai em busca de novas perspectivas de ensino, para favorecer as mudanças de seu próprio pensamento pedagógico e, assim, refletirá sobre a sua própria ação.

O profissional da EJA deve a cada momento de sua história aprimorar seus conhecimentos teóricos, práticos e tecnológicos para efetivar sua ação frente ao processo de ensino. A forma de ensinar, dialogar, compreender e entender jovens e adultos mudou com passar do tempo, assim há que haver mudanças no processo de formação, porque existe uma dinamicidade em relação à busca de novos conhecimentos. Santos (2003, p. 33), ao discutir o modo como os docentes realizam sua atividade, afirma:

> A forma de ensinar é consequência das crenças que estruturam a mente do docente que, na sua grande maioria, assume a atividade do magistério por imitação e reproduz os conceitos que expressam os fundamentos socioculturais da sociedade. A mudança só se dará ao mudar a consciência desses docentes, que se organizam segundo princípios cartesianos. A transformação começa com a mudança desses princípios, a mudança no olhar do docente. Ao questionar os conceitos que conformam o modo de ensinar e ao elaborar novas propostas para as velhas interrogações – o que é o ser, o que é o saber, o que é o aprender e o que é o educar, o professor compreenderá que não somente estes aspectos satisfaz o ensino.

Nessa perspectiva, a busca de novos conhecimentos leva o educador da EJA a refletir sobre suas ações e práticas em seu contexto histórico de trabalho. O professor dos dias atuais deve assumir e incorporar uma postura investigativa frente à busca de novos conhecimentos, pois esse profissional aprende quando se envolve ativamente com o processo de produção do conhecimento científico.

Segundo Fazenda (1991, p. 19), "a formação do educador desde cedo precisa desenvolver o compromisso de ir além dos seus limites, além do que os livros já falam, além dos problemas mais conhecidos", diz ainda: "a formação humana não é outorgada pela escola, desta forma há necessidade de aprende suas múltiplas relações". Nessa direção, Frigotto (2001, p. 40) destaca:

> O processo educativo, escolar ou não é reduzido à função de produzir um conjunto de habilidades intelectuais, desenvolvimento de determinados atitudes, transmissão de um determinado volume de conhecimento que funcionam como geradores de capacidade de trabalho e, consequentemente, de produção. De acordo com a especificidade e complexidade da ocupação, a natureza e o volume dessas habilidades deverão variar. A educação passa, então, a construir-se em um dos fatores fundamentais para explicar economicamente as diferenças de capacidade de trabalho e, consequentemente, as diferenças de produtividade e renda.

Para o autor, a educação escolar é responsável pelo processo de criação de capacidade de trabalho, ou seja, está voltada para transmitir conteúdos e desenvolver valores requisitados pelo sistema capitalista de produção. Nesse aspecto, o Estado deve assumir políticas voltadas para a melhoria da qualidade do ensino e para a qualificação docente, pois são questões fundamentais para o processo de transmissão dos saberes historicamente acumulados.

Gentili (2000, p. 36) traz a seguinte consideração:

> Famílias entram e saem do estado de pobreza, professores e professoras entram e saem de escolas carentes, meu argumento é de que essas questões devem ser o tema principal nos treinamentos de professores.

O pensamento de Gentilli é de grande valia porque nos faz questionar a organização das famílias e professores na escola.

O posicionamento do autor nos faz pensar que a formação política dos professores é de suma importância para o aprendizado dos alunos, uma vez que sua atividade é mediada pelas condições em que se realizam as atividades de ensino, nas quais as famílias estão envolvidas.

Vieira (2003, p. 64-65) aborda que: "a iniciativa dos professores para manter suas práticas pedagógicas constantemente atualizadas depende, cada vez mais de um contínuo desenvolvimento de novas competências profissionais", porém necessariamente de oportunidades para que essa formação seja efetuada.

No pensamento de Ayres (2004, p. 19-20),

> [...] o educador é comparado a um jequitibazeiro uma arvora frondosa, de galhos fortes e retorcidos de uma maneira especial, e que nasce sozinha, sem ninguém precisar plantar, bem lá no meio da mata.

O argumento do autor nos leva a compreender que o educador está preocupado em compreender o todo de seus alunos, os problemas sociais que lhes afligem, o educador quer saber porque seu aluno não aprende, que entender e compreender os conteúdos ensinados em sala de aula e fora dela.

O educador está preocupado com o conteúdo social do educando e não apenas em ministrar conteúdo. Moura (2009), em "Formação de educadores de jovens e adultos: realidade, desafios e perspectivas atuais", evidencia:

> Pensar em formação do professor de jovens e adultos, no atual contexto socioeconômico, político e cultural, exige uma avaliação e uma revisão da prática educativa e da formação inicial e continuada desses educadores, principalmente se considerarmos as especificidades e particularidades dos sujeitos-alunos-trabalhadores ainda no século XXI, permanece o silêncio e o vazio institucional na formação inicial de professores e a transposição de professores de ensino fundamental de crianças e adolescentes para atuarem na prática pedagógica com jovens, adultos e idosos, tal como se registrava nos primórdios da história da educação. (MOURA, 2009, p. 48-49).

O citado autor afirma que só será possível pensar em formação dos professores pensando e repensando constantemente à luz das ciências humanas, nas práticas pedagógicas, no funcionamento de todos os estabelecimentos do ensino. Dessa forma, é pertinente afirmar que o educador de jovens e adultos precisa estar preparado, pautado em conhecimentos diversos para que possa atuar com segurança nessa modalidade de ensino. Nesse sentido, os conhecimentos adquiridos lhes proporcionarão subsídios para compreender, analisar e refletir os processos educativos que hoje são apresentados exigidos pelas instituições de ensino, no sentido de que o professor tenha domínio na realização da práxis docente.

Barreto e Vera Barreto (2008, p. 81) dizem que "a formação é uma prática de conhecimento e todo conhecimento nasce com uma pergunta. A pergunta é o primeiro passo na busca do conhecimento". O conhecimento, portanto, é produto das inquietações humanas e se produz por meio de leituras, experiências de vida e vivência entre os educadores e educandos, familiares, escola, trabalho, dentre outros relacionamentos sociais, culturais, políticos e educacionais.

Os autores citados defendem com muita propriedade a formação continuada dos educadores da EJA, sem distinção de raça, cor ou credo religioso, visto que todos têm direito à formação e qualificação profissional para o trabalho. Isso significa dizer a professora e o professor com qualificação profissional, obviamente, que poderão realizar com muita credibilidade sua práxis docente. Entendemos por outro lado que as instituições de ensino superior e os governos deveriam oportunizar formação continuada para todos.

O trabalho docente se constitui de uma atividade de cunho educativo em que o educador assume compromisso com o processo de formação das novas gerações no âmbito escolar. Dessa forma, é preciso que o educador da EJA esteja voltado aos conhecimentos específicos para trabalhar com essa modalidade de ensino, pois um educador qualificado tem condições de atender às exigências empreendidas pelo sistema de ensino e enfrentar o mercado de trabalho excludente.

Arroyo (2006), em seu artigo "Formar educadores e educadoras de jovens e adultos", esclarece que nos últimos anos não havia políticas oficiais públicas de educação de adultos para formar esse profissional, e sim essas políticas ocorriam pelas bordas nas próprias fronteiras onde havia implementação de EJA. É importante afirmar que a formação desse profissional ainda se encontra em construção, uma vez que não temos políticas definidas para os profissionais dessa modalidade de ensino.

Acreditamos que para consolidar uma política de formação para os educadores é necessário um projeto político de formação que tenha como ponto de partida a fundamentação teórica necessária para a Educação de Jovens e Adultos. Faz-se necessário destacar que essa modalidade de ensino apresenta uma trajetória específica em que a população jovem e adulta vivenciou situações de opressão, exclusão e marginalização em tempos anteriores e que muito prejudicou o aprendizado desses sujeitos. Hoje há uma necessidade de o educador aprender a lidar com essas especificidades para que possa realizar o seu fazer docente e atender essa diversidade excluída.

Segundo Barreto (2006, p. 96), "toda formação deve visar à mudança da prática do educador", nesse sentido, a professora e o professor devem, sem dúvida alguma, realizar sua qualificação profissional, pois, dessa forma, estarão mais preparados para o processo de ensino e aprendizagem, com novos conhecimentos que possam contribuir no processo de ensino e aprendizagem de seus alunos. Neste contexto, os educadores não podem ser vistos como meros executantes de receitas pedagógicas bem-sucedidas. Ao contrário, devem ser estimulados a se tornarem produtores autônomos de suas práticas.

Nas palavras da autora (2006, p. 97), "não se pode perder de vista que a formação é um momento privilegiado de pensar o trabalho do educador", nesse sentido, a conciliação destes dois aspectos, teoria e prática, só é possível porque toda prática tem uma sustentação teórica, isto é, um conjunto de ideias, de valores, certezas e outras representações que fazem o educador agir de forma coerente, responsável e com comprometimento social, pois a arte de ensinar e educar são dois elementos significativos no processo educativo. Entendemos ser preciso contar com formadores que, além de ter competência no fazer pedagógico, sejam competentes na condução e estimulação do ensinar os estudantes, pois dessa forma haverá mais interesse do aluno no aprendizado. Explica Barreto (2006, p. 100):

> A formação dos formadores é uma questão que não pode ser esquecida. A ausência da EJA no currículo dos cursos que formam educadores cria, frequentemente, a necessidade de as entidades formadoras

desenvolverem um trabalho educativo junto aos seus formadores, para que eles também aprendam fazendo e refletindo sobre a sua prática.

Neste aspecto, o professor e a professora, sujeitos formadores de opinião, precisam de formação continuada, de novos conhecimentos, de aperfeiçoamento de sua metodologia, de troca de conhecimentos para que possam realizar um bom trabalho em sala de aula. A formação contínua, ao nosso ver, é uma questão *sine qua non*, no que diz respeito a formação dos professores. Compreendemos, por outro lado, que a responsabilidade, o comprometimento das instituições superiores e, principalmente, dos governos é o ponto chave para que seja oportunizada a formação continuada às professoras e aos professores.

2.3 A PRÁXIS DO EDUCADOR NA EDUCAÇÃO DE JOVENS E ADULTOS E O PROCESSO DE ENSINO E APRENDIZAGEM

A práxis aqui defendida está voltada para o fazer pedagógico do educador da EJA frente ao processo de ensino e aprendizagem. A práxis aqui posta tem apoio no livro de Paulo Freire, *Pedagogia dos sonhos possíveis*, que nos remete a um pensar sobre o que poderá ser feito de melhor em relação à Educação de Jovens e Adultos. Pensando no inédito viável, penso que a prática pedagógica do educador da EJA deve sair da pedagogia tradicional para que se conheça novas políticas do ato de ensinar sujeitos, muda-se as políticas públicas para atender melhor o ensino, compreender e encampar a pedagogia libertadora como princípio de mudanças.

Acreditamos na perspectiva de mudanças, mudanças que podem começar pela nossa própria práxis pedagógica. O educador pode buscar outros conhecimentos necessários ao seu fazer pedagógico, e esses conhecimentos devem contribuir na cientificidade do pensar e agir crítico do profissional da EJA. Acreditamos que o homem sozinho não pode transformar o mundo, mas pode contribuir para mudanças no mundo do trabalho, refletindo sobre as necessidades humanas.

Freire (1996) anuncia que a existência humana é que permite denúncia e anúncio, indignação e amor, conflito e consenso, diálogo ou sua negação com a verticalidade do poder, isto é, um desafio para o educador de jovens e adultos, isso porque o fazer pedagógico requer reconhecimento de várias realidades humanas, ou seja, dos meios em que vive o educando, da formação familiar, do trabalho que exerce para sua sustentação.

Paulo Freire afirma que sonhar é imaginar horizontes de possibilidades, porque sonhar coletivamente é assumir a luta pela construção das condições de possibilidades, uma vez que a prática pedagógica não é o único caminho para a transformação social necessária à conquista dos direitos humanos, mas sem ela acredito que não haverá transformação social sem que o educador possa refletir sobre seu próprio trabalho docente.

É de suma importância refletir sobre as questões que encaminham o educador a novas possibilidades, possibilidades de conhecer novos caminhos que contribuam para o processo de ensino e aprendizagem do educando. Nessa mesma direção, Isaia (2006, p. 71) diz:

> A dificuldade de transpor a dissociação entre teoria e prática, ensino e pesquisa, ensinar e aprender leva os professores, muitas vezes, a oferecerem um espaço educativo marcado pela reprodução, no qual, eles se tornam incapazes de transpor á própria a integração dessas dimensões, inviabilizando então, para eles e seus alunos as condições para a recombinação criativa de experiências e conhecimentos necessários a uma atuação profissional autônoma.

Sobre o pensar da autora, acredito que para o professor efetivar a sua prática docente são necessários conhecimentos didáticos, metodológicos para poder enfrentar as dificuldades advindas do seu fazer docente. O professor sem a devida formação pedagógica, sem o domínio das técnicas e métodos pedagógicos enfrenta sérias dificuldades para o exercício de sua função. Defendemos a formação continuada necessária à formação profissional de todos os educadores da EJA, para que possa ocorrer uma efetiva realização de sua práxis docente. O educador precisa urgentemente de conhecimentos básicos necessários a um novo pensar docente, visto que a busca por novos conhecimentos somente será efetivada com o compromisso político do professor e do Estado.

A práxis do educador da EJA frente ao processo de ensino e aprendizagem exige compreensão e desafios de novos saberes, novos conhecimentos. Podemos dizer que a sua formação é condição primeira para o desenvolvimento de sua prática. Por outro lado, podemos dizer que a prática por si só não gera conhecimento e é por meio da reflexão sobre a prática que o educador vai agregando novas formas de atuação no seu fazer docente. O professor precisa atuar como profissional reflexivo frente ao campo educativo. Ele deve ser crítico e competente no âmbito das disciplinas com as quais trabalha.

O aperfeiçoamento da docência exige uma integração de saberes complementares, diante dos novos desafios da docência. O saber fazer correspondente à práxis do educador de jovens e adultos exige que ele seja um profissional político, que possibilite ao aluno a construção de uma consciência para lidar com uma sociedade que enfrenta as diversidades do mundo globalizado. Nesse sentido, a práxis docente frente ao processo de ensino e aprendizagem exige um saber fazer que possibilite ao professor e ao educando a apreensão e a contextualização do conhecimento científico.

A ação do educador frente ao processo de ensino e aprendizagem muitas vezes não são concretizadas com eficiência em vista da ausência de vários fatores, entre os quais: falta de apoio pedagógico, estrutura escolar, salário digno, formação continuada. Percebemos que a ausência do Poder Público em relação a resolver essas questões é um fator determinante sobre a falta da qualidade do ensino, visto que não são oferecidas as condições necessárias para a concretização e efetivação do fazer pedagógico do educador da EJA.

É importante assinalar que a práxis do educador frente ao ensino e a aprendizagem deve ser refletida sobre o como fazer, sobre o que vai fazer e sobre o que foi feito. Dessa forma, o educador deve refletir sobre esses pontos necessários ao seu trabalho, e que poderá melhorar consideravelmente a sua prática no campo do ensino. É de suma importância afirmar que o avanço do processo da docência exige do profissional uma nova preparação pedagógica, e esta não se dará em separado da teoria e da prática, do quefazer, do conhecer e realizar.

Acreditamos que os educadores da EJA são conhecedores de diversos saberes, entre os quais: das disciplinas, currículo, experiência, além dos saberes populares, de lidar com uma diversidade de pensamentos e ações diferentes do fazer educando. Esses saberes são inerentes à sua formação pedagógica, do saber fazer, de sua práxis enquanto sujeito do processo de ensinar e aprender. O educador da EJA se vê a cada momento de sua história mais envolvido nas atividades sociais do processo de ensino, uma vez que a nova dinâmica tecnológica do mundo globalizado exige de todos nós novos conhecimentos tecnológicos.

A práxis do educador da EJA frente ao processo de ensino e aprendizagem é necessária para o processo educativo, porque, segundo Cunha (2004, p. 90), nesse campo "existe uma grande luta pela definição de uma política nacional de formação dos profissionais de educação, visando à sua profissionalização e valorização de sua prática docente". Nesse sentido, a práxis docente hoje exige saberes diferentes para que o educador possa realizar suas atividades docentes.

Pode-se dizer que a práxis do educador da EJA passa pela lógica da competência, pois esse profissional deve ter domínio e conhecimento sobre o seu fazer docente. No campo dessas competências, esse profissional se caracteriza por um conjunto de habilidades e características individuais que devem ser realizadas à medida que o campo do ensino exige. Freitas (2004) acrescenta que os desafios que hoje estão postos evidenciam dilemas e contradições, pois nos últimos anos privilegiou-se o controle do desempenho com vista à competência e competitividade, vigorando a concepção do Estado regulador, da formação e do trabalho, pela via do rebaixamento da formação, da certificação e avaliação.

Várias são as exigências do Estado e das instituições de ensino em relação às competências, qualificação e experiência do educador, porém as condições de trabalho oferecidas a esses profissionais são ineficientes. Para exercer sua atividade, esse profissional busca todos os mecanismos necessários para poder exercer suas atividades docentes.

Existe grande desinteresse por parte do Estado em investir na formação de seus profissionais para enfrentar o mercado de trabalho vigente. Isso implica direta e indiretamente a prática das atividades desse profissional. Freitas (2004) afirma que é preciso haver formação de educadores que respondam as novas concepções de um projeto social, no qual se inserem a educação, o ensino e o trabalho pedagógico. Para que esses fatos ocorram necessariamente, demandam condições institucionais e pedagógicas criadoras, e ainda políticas globais inovadoras.

Conforme Ghedin (2004, p. 408),

> [...] os professores precisam refletir e reelaborar pesquisa, pois as informações que lhes chegam pelos mais diversos meios devem apurar e refinar seus olhares para o saber fazer escolhas acertadas sobre a construção do saber.

De acordo com o autor, o professor pode produzir conhecimento a partir de sua prática procurando entender que o processo de ensino e aprendizagem, no intuito de vencer as dificuldades existentes e em particular a pedagogia da desesperança.

Cipriano Luckesi (2006, p. 12) esclarece que

> [...] se todos os professores desse país desenvolverem com proficiência a sua atividade profissional estaremos dando um grande passo no sentido de possibilitar às nossas crianças, jovens e adultos, condições de crescimento.

Sobre a questão, pensamos que se as escolas públicas deste país estiveram em condições estruturais, como espaço físico, formação de professores, currículo próprio para cada modalidade de ensino, certamente que este país dará um grande salto de qualidade de ensino e melhora consideravelmente o atendimento às crianças, jovens e adultos.

É preciso que o Estado brasileiro tenha interesse na formação e qualificação desse educador da EJA, no sentido de que esse profissional possa efetivar a sua práxis frente ao processo de ensino e aprendizagem e oferecer um ensino de qualidade ao educando. É importante salientar que muitos educadores realizam sua práxis mecanicamente porque carecem de técnicas pedagógicas para lidar com uma diversidade de conhecimentos que o espaço escolar não lhe oferece. O investimento na formação dos educadores de jovens e adultos para que eles possam exercer sua prática com eficiência é de fundamental importância para o processo de ensino.

Pensar e refletir sobre a práxis do educador da EJA frente ao processo de ensino e aprendizagem exige um olhar mais abrangente sobre essa modalidade de ensino, uma vez que sua história, conquistas e desafios têm levado vários profissionais a lutar por alternativas que efetivem a sua prática. Os encontros, seminários e simpósios têm trazido algumas alternativas a esse respeito, mas falta assegurar os direitos que lhes são preconizados nas legislações educacionais.

Compreendemos que é preciso ousadia do docente, sobretudo para contribuir na construção de políticas públicas da Educação de Jovens e Adultos deste país. Acreditamos que com essas políticas públicas efetivadas com comprometimento político, havendo envolvimento dos órgãos federais, estaduais, municipais e sociedade civil com propósito de melhor qualidade no campo do ensino, efetivamente teremos educação de qualidade, formação continuada, qualificação profissional, condições de trabalho digna para todos os profissionais da educação. Filho (2008, p. 126) em "Educação de jovens e adultos e o mundo do trabalho: elementos para discussão da reconfiguração do currículo e formação de educadores", afirma: "ousar é pensar e agir para construir a relação entre escolarização básica e o mundo do trabalho na perspectiva daqueles que vivem do seu trabalho".

Sabemos que o educador da EJA e demais educadores desse país vivem de seu trabalho, procurando a cada momento de sua história de vida melhorar a sua prática de trabalho, procurando configurar sua práxis com base nas condições que o mundo do trabalho lhes impõe. O trabalho é uma atividade humana que revela a capacidade criativa de cada profissional envolvido no processo educativo. É esse ser pensante, profissional da educação que executa sua prática por meio de seus conhecimentos.

Segundo Veiga (1989, p. 89), "o fazer pedagógico, enquanto realização do ensino é representado por três momentos complementares, interligados, que correspondem a concepção, realização e avaliação". Na preparação, o educador busca formação, no desenvolvimento exerce sua práxis e na avaliação ocorre a verificação do aprendizado do aluno. Nesse caso, o educador dever ter domínio desses aspectos para a efetivação de seu trabalho.

Nessa direção, o professor da EJA deve conhecer as três dimensões do ensino para que ele pessoa efetivamente compreender a sua própria prática de ensino, ou seja, deve ter conhecimentos didáticos, teóricos, experiência no sentido de entender o contexto em que está envolvido o educando. A autora, ao abordar as dimensões presentes na esfera educativa, afirma:

> A sala de aula é parte de um todo, está inserida em uma instituição educativa, que, por sua vez, está filiada a um sistema educacional, que também é parte de um sistema socioeconômico, político e cultural mais amplo. É dentro da sala de aula que o trabalho docente se torna mais evidente. É ali, naquele espaço físico, local constituído para a realização do ensino formal é sistematizado, que o professor se encontra com o grupo de alunos (VEIGA, 1989, p. 11).

Como assinala a referida autora, o ensino e a aprendizagem envolvem educador e educando dentro da sala de aula, e é por meio de um bom relacionamento entre professor e aluno que ocorre a práxis educativa. Esse bom relacionamento favorece o ensino e a aprendizagem entre os sujeitos envolvidos no processo educativo. Na sala de aula, o professor deve envolver os discentes de forma a participarem ativamente e democraticamente das discussões, debates e intervenções do processo de ensino, oportunizando a sociabilidade da turma.

Para ser efetiva, a práxis educativa traz em torno de si alguns elementos importantes, entre os quais: qualificação docente, conhecimentos prévios do conteúdo a ser ministrado, embasamento teórico de diversas literaturas, técnicas de ensino e metodologias próprias.

Segundo Sant'Anna e Menegolla (2002, p. 20),

> [...] escola que se preocupa com pessoa é a escola que educa; que ajuda a ser feliz; que ajuda o mundo a ser melhor a viver a paz, que promove a fraternidade e o amor.

Nossa compreensão é de que a escola, para oportunizar esses fatores, precisa estar estruturada em todos os seus seguimentos, entre os quais: equipamentos pedagógicos, profissionais qualificados, recursos didáticos suficientes e apropriados, condições de trabalho favoráveis à realização da práxis docente.

É oportuno dizer que as escolas em pleno século XXI ainda são deficitárias e não oferecem um ensino de qualidade, porque os interesses são alheios ao investimento do ensino brasileiro, por outro lado, existem interesses internacionais que o Banco Mundial (BM), Banco Internacional para Reconstrução de desenvolvimento (BIRD), Fundo Monetário Internacional (FMI) têm interesse de financiar a educação. É preocupante para nós esses interesses, porque por trás dessa vontade internacional de ajudar no ensino básico existe a questão do financiamento e a cobrança dos juros. Na verdade, o maior interesse é emprestar dinheiro a juros, no intuito de sobreviverem e endividarem países pobres.

Nesse aspecto, o Brasil esteve em alerta, pois não se comprometeu com esses órgãos internacionais e está procurando preencher as lacunas existentes na educação. O Brasil está tentando melhorar o ensino, esperamos melhorar em todos os setores do campo educativo, principalmente no que tange à modalidade de Educação de Jovens e Adultos. As escolas, os profissionais da educação, de um modo geral, esperam melhorias para uma efetivação de uma educação de qualidade.

Barreto (2006, p. 96), em seu artigo "Formação permanente ou continuada", nos adverte:

> [...] toda formação deve visar à mudança da prática do educador e para alcançar o objetivo dessa mudança é preciso lembrar que as práticas são expressões das representações mentais de que o faz.

Na realidade, a prática docente se configura em apontar novas formas de fazer e efetivar mudanças na prática do educador, essa prática exige que o educador tenha conhecimento teórico e prático para que essa ação se concretize efetivamente.

Toda prática requer uma intenção e toda intenção leva a uma reflexão da práxis docente. Barreto (2006, p. 97) enfatiza que "a mudança da prática do educador só será possível quando existir uma mudança do conjunto de representações que sustentem o seu trabalho de educador".

As representações aqui postas significam que o educador aprende várias maneiras de lidar com o processo educativo, envolvendo a aprendizagem do aluno. É importante destacar que essas representações são significativas, na medida em que vêm contribuir com o trabalho docente do educador da EJA.

Pode-se dizer que o educador de jovens e adultos precisa ser qualificado para sua efetiva práxis em sala de aula na intenção de contribuir do o ensino e aprendizagem do aluno, pois esse profissional lida com uma diversidade de conhecimentos. É preciso que esse educador obtenha novos conhecimentos sobre o processo educativo para que possa efetivar sua prática. Entendemos que além desses conhecimentos obtidos no percurso de seu trabalho, desse profissional são exigidos, pelas instituições de ensino, conhecimentos práticos, teóricos, competência para a concretização do seu fazer pedagógico.

Luckesi *et al.* (2007, p. 21), no livro *Fazer universidade: uma proposta metodológica*, diz que: "todas as práticas humanas estão orientadas por um contexto teórico que é formulado, amadurecido e desenvolvido no próprio exercício da prática". Compreendemos que o educador da EJA durante anos de trabalho obtém conhecimentos específicos que favorecem e facilitam a concretização de sua práxis pedagógica.

Nessa perspectiva, Freire (2005, p. 141) colabora afirmando, "os homens são seres da práxis, seres do querer fazer, diferentes dos animais, seres do puro fazer". Os homens como seres humanos são capazes do quefazer e emergem deles o querer fazer, objetivando a busca do conhecimento para transformar o seu trabalho em quefazer. Neste aspecto, o autor reforça a necessidade da realização da práxis docente, na qual o trabalho é a prática e a avaliação da prática volta--se à prática e ambas se contemplam dentro do processo educativo.

Severino (2003, p. 81), no artigo "Preparação técnica e formação ético-política dos professores", acrescenta:

> [...] a ação educativa só se torna compreensível e eficaz se os sujeitos nela envolvidos tiverem clara e segura percepção de que ela se desenrola como uma prática político-social.

Entendemos que toda prática educativa é um exercício de sociabilidade que assegura ao profissional do ensino conhecimento do processo social e político e do campo educativo. Nesse aspecto, sua ação educativa contribuirá significativamente para o ensino e aprendizagem. Afirmamos que o processo educativo remete o educador à realização de sua práxis docente, pois segundo Barreto (2006, p. 97), "a mudança da prática do educador só será possível quando existir uma mudança no conjunto de representação que sustentem o trabalho desse profissional".

Nesse sentido, acreditamos que essas mudanças só serão possíveis quando esse educador obtiver domínio de conhecimentos no campo das ciências humanas que subsidiem o seu fazer pedagógico. Dessa forma, podemos dizer que o(a) professor(a) será capaz de compreender seu fazer docente e sua práxis pedagógica frente ao processo de ensino e aprendizagem. Os professores da EJA, são educadores capazes de construir e reconstruir novos conhecimentos numa perspectiva libertadora, em que educador e educando aprendam em comunhão.

3
A PRÁTICA PEDAGÓGICA DO EDUCADOR DA EJA NA ESCOLA ESTADUAL PEDRO TEIXEIRA

Antes, porém, de discorrermos sobre a questão da prática pedagógica do educador da EJA, consideramos necessário apresentar algumas considerações sobre essa prática do educador, isso porque no processo educativo, a prática docente é de fundamental importância para o ensino e aprendizagem do aluno. Oliveira (2009) afirma que toda prática humana é constituída por uma relação socio-histórica, em que os sujeitos estão destinados a construírem a sua história, por meio do trabalho que desenvolvem na sociedade.

Compreendemos que a prática pedagógica do educador é fruto de sua experiência docente, de sua experiência de vida, de sua consciência histórica de homem envolvido no processo da busca de conhecimentos, em que esse profissional vai trilhando e construindo caminhos que lhes darão sustentação para a realização de seu fazer pedagógico. A construção desses caminhos requer comprometimento de quem nele está envolvido para que o processo de ensino aprendizagem na Educação de Jovens e Adultos aconteça.

Luckesi (2007, p. 21) diz que

> [...] todas as práticas humanas se dão orientadas por um contexto teórico que é formulado, amadurecido e desenvolvido no próprio exercício da prática, não existe, pois, teoria sem prática, nem prática sem teoria.

É importante ressaltar que a prática pedagógica do educador envolve atitudes, comportamentos diferenciados, pois os sujeitos os quais vamos ensinar trazem conhecimentos de suas próprias experiências de vida.

Entendemos que a prática pedagógica do educador da EJA deve centrar-se na análise das questões reais do seu exercício docente, e que esse profissional certifique-se de que a prática pedagógica seja desenvolvida por competência, utilização de técnicas pedagógicas adequadas, onde o emprego metodológico e didático possa envolver as competências e as habilidades docente e discente.

Compreendemos que o(a) professor(a) educador(a) da EJA deve assumir uma postura profissional docente que seja capaz de realizar seu trabalho com compromisso social, dedicação, comprometimento e responsabilidade, pois é significativo dizer que os professores da EJA são profissionais capazes da ação docente, porém, é preciso mais oportunidades para que possam realizar a formação contínua.

O Brasil, os Estados e municípios deste país estão carentes desse profissional com qualificação própria para atuarem nesta área de ensino. É preciso que haja manifestações públicas envolvendo professores, estudantes, instituições de ensino da educação básica e do ensino superior para forçar os governos a atender esta categoria.

3.1 ANTECEDENTES HISTÓRICOS SOBRE O MUNICÍPIO DE TABATINGA

O nome Amazonas tem origem na língua indígena, vindo da palavra *amassunu*, que quer dizer *ruídos das águas*. Esse nome foi dado pelo espanhol Francisco Orelhana, quando, em excussão, descia o referido rio e encontrou uma tribo de índias guerreiras, associando--as às *Amazonas*, mulheres guerreiras. Antes de ser batizado de rio Amazonas, ele era chamado de *Rio das Icamiabas*. *Icamiabas* eram chamadas as índias que dominavam aquela região, rica em ouro.

O estado do Amazonas é uma das 27 unidades federativas do Brasil, sendo a mais extensa. Fica localizado no centro da Região Norte, no coração da Floresta Amazônica, apresenta uma área de

1.570.745,680km², uma população de 3.341.096 habitantes, densidade demográfica de 2,05 hab./km², possui uma divisão política com 62 municípios, agrupados geograficamente pelo IBGE/2010, em seis mesorregiões e 13 microrregiões. O governo do Amazonas divide o estado economicamente em seis mesorregiões, sendo: a Metropolitana de Manaus, Baixo Amazonas, Alto Solimões, Alto Rio Negro, Calha do Juruá e Purus.

A economia do estado do Amazonas baseia-se no extrativismo, mineração, indústria e pesca, seus principais produtos agrícolas incluem laranja, mandioca e banana. Entre os minerais, podemos citar calcário, gipsita e estanho. A Zona Franca de Manaus foi aprovada pelo Congresso Nacional por meio da Lei n. 3.173, de 6 de junho de 1957, cuja finalidade estava relacionada ao

> [...] armazenamento ou depósito, guarda, conservação, beneficiamento e retirada de mercadorias, artigos e produtos de qualquer natureza, provenientes do estrangeiro e destinados ao consumo interno da Amazônia (BRASIL, 1957).

Embora tenha sido criada em 1957, a implantação do Polo Industrial de Manaus só se consolidou após a aprovação do Decreto Lei n. 288, de 28 de fevereiro de 1967. Este reformulava, ampliava e estabelecia incentivos fiscais para a implantação do referido Polo Industrial, comercial e agropecuário em uma área constituída de 10 mil km².

Podemos dizer que ao longo da década de 1990, o Amazonas foi um dos estados brasileiros em que houve grande crescimento populacional e econômico. Manaus estava como uma das cinco capitais brasileiras com maior crescimento populacional. No campo econômico, o estado registra atualmente 13,8% de crescimento anual, ficando acima da média nacional.

O estado do Amazonas apresenta relevo relativamente baixo, sendo que 85% da superfície estão abaixo de 100 m (cem metros) de altitude. O estado está situado sobre uma ampla depressão, com cerca de 600 km de extensão no sentido sudeste-noroeste, orlado a leste por uma planície litorânea de aproximadamente 40 quilômetros de largura.

Tabatinga vem de uma palavra de origem indígena que na língua Tupi quer dizer "barro branco". Esse tipo de barro, segundo os estudiosos, apresentava muita viscosidade e era encontrado no fundo dos rios. Na língua Tupi Guarani, a palavra significa "casa pequena".

A cidade de Tabatinga deriva do povoado de São Francisco Xavier de Tabatinga, fundada na primeira metade do século XVIII por Fernando da Costa Ataíde Teives. Essa cidade foi por um longo período subdistrito da cidade de Benjamin Constant, que era distrito-sede da região. Foi em meados do século XVII que houve um registro junto à foz do rio Solimões de uma aldeia fundada por jesuítas. Em 28 de junho de 1866, o marco dos limites entre Brasil e Peru é fixado perto da povoação. Nessa época a região estava integrada ao município de São Paulo de Olivença.

Em 10 de dezembro de 1981, por meio da Emenda Constitucional n. 12 do Estado do Amazonas, Tabatinga desmembrou-se do município de Benjamin Constant, tornando-se um município autônomo, sendo instalado em 1° de janeiro de 1983. É importante destacar que antes de Tabatinga passar a ser município, existia o Marco Divisório, onde moravam civis e o Comando de Fronteira Solimões (CFSOL), em que moravam os militares.

Tabatinga é um dos 62 (sessenta e dois) municípios localizados na mesorregião do Alto Solimões, distante 1.105 km em linha reta da capital Manaus via aérea e 1.607km via fluvial. Possui uma população de 52.279 (cinquenta e dois mil, duzentos e setenta e nove) habitantes. Apresenta um PIB de 178.597,349 mil e PIB per capita de 3.795,82, com Índice de Desenvolvimento Humano (IDH) correspondente a 0,699, segundo o Instituto Brasileiro de Geografia e Estatística – IBGE/2008. É um município localizado no extremo oeste do Estado do Amazonas, na tríplice fronteira entre Brasil, Colômbia e Peru.

O município de Tabatinga está localizado no meio da selva amazônica, à margem esquerda do Rio Solimões. Faz fronteira com a Colômbia e o Peru, sua temperatura oscila entre 25° a 32° C (vinte e cinco a trinta e dois graus). Possui uma área de 3.239,3 km², segundo o IBGE/96. Toda região está coberta por florestas, altas, baixas e pouco densas. É banhada pelo Rio Solimões. O comércio é um dos pontos fortes da cidade, que foi incrementado pela criação da área de Livre Comércio de Tabatinga. Os principais produtos agrícolas são banana, mandioca, peixe e feijão.

Quanto ao aspecto turístico, Tabatinga recebe estrangeiros colombianos, peruanos, venezuelanos, haitianos, bolivianos que entram pela Tríplice Fronteira, Brasil, Colômbia e Peru e as vezes permanecem no município, outros descem o rio Solimões e chegam em Manaus, conseguem um trabalho e permanecem no Brasil. Os visitantes de Tabatinga gostam dos botos tucuxi e vermelho, ou cor de rosa para alguns.

O campo empírico, a Escola Estadual Pedro Teixeira foi fundada em 1968, por iniciativa da professora Cecília Ferreira da Silva e do Tenente Leiny Correia de Morais. De 1968 a 1974 funcionou no grupo escolar Duque de Caxias em Tabatinga. Em 31 de março de 1975 a escola passou a funcionar na Avenida da Amizade com a Rua General Sampaio. Denominada primeiramente de Ginásio Pedro Teixeira e posteriormente de Escola Estadual Pedro Teixeira.

No ano de 1976 foi regulamentada pelo Conselho Estadual de Educação e aprovada pelo Decreto Lei n. 6.998, de 7 de fevereiro de 1983. O nome Pedro Teixeira é em homenagem ao navegador e explorador português, o qual foi recompensado com o cargo de Capitão-Mor do Grão Pará por suas conquistas na região amazônica. A escola Pedro Teixeira fica localizada em área urbana, no bairro D. Pedro I, na Av. Da Amizade, 1.041. É mantida pela Secretaria de Estado de Educação e Qualidade de Ensino (SEDUC).

A escola possui uma área de 1.948,16 m², funcionando nos três turnos, matutino, vespertino e noturno, com 1.505 alunos. Sua estrutura física é composta de 13 salas de aula, uma biblioteca, um laboratório de informática, uma cantina, um refeitório, uma secretaria, dois banheiros masculinos e dois femininos, um depósito para materiais didáticos e de limpeza, uma diretoria, uma sala dos professores, uma quadra poliesportiva.

A instituição conta com apoio da Associação de Pais, Mestres e Comunitários (AMPC), onde, juntamente com o gestor, gerenciam os recursos que recebem dos governos Federal e Estadual, especificamente da Secretaria Estadual da Educação. A escola trabalha com alguns projetos, tais como: Saúde e Prevenção na escola, grupos de danças, xadrez, jovem cidadão, mitos e lendas na Amazônia.

Quanto aos recursos humanos, a instituição possui 55 (cinquenta e cinco) professores, entre os quais: 8 trabalham com o ensino médio na modalidade EJA, 26 administrativos, 1 secretário. Os apoios pedagógicos são constituídos de professores com experiência docente. A escola não possui corpo técnico pedagógico nem pedagogos nos turnos de seu funcionamento que acompanhem o fazer pedagógico do professor e dos alunos. Atualmente, o gestor é o professor Aldeci de Souza Martins, com graduação em Educação Física e curso de especialização em Gestão Escolar.

A Escola Estadual Pedro Teixeira é uma das primeiras escolas que foi construída no município e atende os estudantes nos turnos matutino, vespertino e noturno, a Educação de Jovens e Adultos é a modalidade de ensino que prevalece no horário da noite, isto porque são alunos trabalhadores que durante o dia estão trabalhando para sustentar a família e comprar seus materiais de primeiras necessidades. Os estudantes da EJA são homens e mulheres, pais e mães de família que lutam para concluir o ensino médio com o objetivo de dias melhores.

3.2 A TRAJETÓRIA DA PESQUISA SOBRE A PRÁXIS DO EDUCADOR EJA

O campo empírico do trabalho de pesquisa se deu na Escola Estadual Pedro Teixeira por possuir maior número de alunos do 3º ano noturno do ensino médio da Educação de Jovens e Adultos. Situa-se a 1.105 km de distância em linha reta, via aérea, e 1.607 km via fluvial. O número de estudantes que cursam essa série é de 184, dos quais, 94 participaram da pesquisa, correspondendo a 51,09%.

Aplicamos aos educandos um formulário com questões abertas e fechadas que possibilitou obter um resultado significativo. Antes, porém, tivemos encontros prévios com o gestor, administrativos, discentes e docentes, para que esses sujeitos envolvidos no trabalho pudessem colaborar com o nosso trabalho de campo. É oportuno enfatizar que inicialmente e durante a realização da investigação houve boa recepção e colaboração de todos os sujeitos envolvidos.

Inicialmente, encaminhamos ofício ao gestor da escola explicando o objetivo do trabalho. Com a autorização, foi possível iniciar a pesquisa, posteriormente nos reunimos com os docentes para informar e solicitar permissão para aplicação dos formulários junto aos discentes. Nesse momento, informamos aos presentes que a pesquisa iria ser realizada apenas com os discentes do 3º ano noturno do ensino médio da Educação de Jovens e Adultos. Aproveitamos o ensejo e informamos sobre as finalidades do estudo.

A entrega dos formulários se deu em sala de aula a cada discente do 3º ano do ensino médio da EJA do turno noturno, no intuito de responderem individualmente as repostas contidas. Porém, antes que os alunos iniciassem as respostas, realizamos uma leitura prévia do referido formulário, no intuito de tirar algumas dúvidas em relação ao seu preenchimento.

A aplicação dos formulários ocorreu no horário noturno, nas salas de aula das quatro turmas do 3º ano do ensino médio EJA, no decorrer da semana, como foi previamente estabelecido. Todos os discentes presentes participaram do trabalho, não havendo qualquer restrição por parte deles em relação a responder o formulário. O professor do horário nos cedeu o tempo de aula para que todos os alunos pudessem responder ao formulário sem atrapalho.

Durante essa etapa da pesquisa, analisamos o calendário escolar, carga horária trabalhada pelos docentes, disciplinas estudadas pelos discentes na modalidade EJA do 3º ano do ensino médio. É importante destacar que o ensino da modalidade EJA, segundo a Proposta Curricular/2007 da Secretaria de Estado de Educação e Qualidade de Ensino, constitui-se de dois blocos. O primeiro diz respeito aos chamados iniciantes, concludentes da 8ª. série do ensino fundamental, os quais durante um ano letivo estudam seis disciplinas. O segundo bloco é para os concludentes ou finalistas do ensino médio. São cinco disciplinas correspondentes. Para uma melhor explicação, apresentamos as disciplinas, carga horária e dias letivos em forma de tabelas. Disciplinas, carga horária e dias letivos oferecidos aos iniciantes do turno noturno da modalidade EJA da Escola Estadual Pedro Teixeira.

Tabela 1 – Componentes curriculares para iniciantes da EJA ensino médio

Componentes curriculares	Carga horária	Dias letivos
Língua portuguesa	320	160
História	140	70
Geografia	140	70
Artes	40	20
Filosofia	60	30
Sociologia	60	30

Fonte: o autor

De acordo com a distribuição de carga horária e a soma de cada componente curricular, conferimos um total de 760 horas aulas para um ano letivo, significa dizer que os componentes curriculares para os iniciantes da EJA correspondem à base nacional comum. Em seguida, apresentamos os componentes curriculares da EJA dos concludentes do ensino médio.

Tabela 2 – Componentes curriculares para os concludentes EJA do ensino médio

Componentes curriculares	Carga horária	Dias letivos
Matemática	260	130
Biologia	140	70
Química	140	70

Física	140	70
Língua estrangeira	120	60

Fonte: o autor

As disciplinas que os alunos do 3º ano do ensino médio da EJA estudam também correspondem à base nacional comum e juntas somam um total de 800 horas-aula, que somadas as do bloco um perfazem um total de 1.560 horas-aula para um período de dois anos.

De acordo com o Calendário Escolar da Secretária de Educação SEDUC/2010/2011, o ano escolar corresponde a 200 dias letivos, tendo a modalidade EJA o mesmo número em relação ao ensino médio regular. Observamos que apesar de os dias letivos anuais serem iguais, a carga horária difere muito. Alertamos que para que se tenha uma educação de qualidade é necessário primar por vários aspectos, entre os quais, profissionais qualificados especificamente, conteúdo programático envolvendo a realidade do educando, material didático que subsidie o trabalho docente, coisa que ainda caminha lento. Segundo a Proposta Curricular/2007 da Secretaria de Educação, os conteúdos estão:

> Dimensionados não só em conceitos, mas também em procedimentos e atitudes, apresentados em blocos de conteúdo ou em eixos temáticos, de acordo com as áreas. Tais denominações se referem a agrupamentos que representam recortes internos à área e visam explicitar objetos de estudos essenciais à aprendizagem... Esses agrupamentos são organizados em função da necessidade de receber um tratamento didático que propicie um avanço contínuo na ampliação dos conhecimentos, tanto em extensão quanto em profundidade, pois o processo de aprendizagem dos alunos requer que os mesmos conteúdos sejam tratados de diversas maneiras em diferentes momentos da escolaridade (SEDUC, 2007, p. 18).

É importante esclarecer que apesar de a escola possuir um manual de orientação pedagógica que oportuniza aos docentes conhecimento sobre identidade do aluno, metodologia, conteúdo programático, avaliação, objetivos, estratégias e instrumentos para avaliação da aprendizagem do discente e critérios de avaliação, observamos que dentre os 8 docentes pesquisados, apenas 2 tinham conhecimento do material de orientação. Verificamos também que, apesar de a proposta abordar a interdisciplinaridade, o trabalho nesse foco é inexistente, cada profissional procura trabalhar de acordo com os seus conhecimentos e experiência dos seus anos de docência.

Chamou-nos atenção o interesse dos discentes em responder aos formulários, pois no decorrer de sua aplicação não observamos falta de interesse. No decorrer da pesquisa foram aplicados 94 formulários distribuídos da seguinte forma: 20 aplicados na turma B, 26 na turma E, 22 na turma F e 26 na turma H do 3° ano do ensino médio do turno noturno da modalidade Educação de Jovens e Adultos da Escola Estadual Pedro Teixeira. O formulário foi construído com perguntas abertas e fechadas que oportunizaram aos sujeitos responderem sem muitas dificuldades, visto que não houve interferência do pesquisador.

Tivemos a preocupação de elaborar perguntas simples no intuito de que todos pudessem compreender e responde-las sem embaraço, visto que, um questionário com perguntas abertas e fechadas, remete ao sujeito refletir sobre suas respostas e colaborar no trabalho de pesquisa do professor pesquisador.

3.3 O PERFIL DOS EDUCANDOS DA EJA E A PRÁTICA DOCENTE

A pesquisa junto aos discentes da Escola Estadual Pedro Teixeira revelou as seguintes características em relação ao perfil dos alunos que frequentam a Educação de Jovens e Adultos.

Quanto ao grau de escolaridade dos pais dos educandos, a pesquisa revela que 24 pais são alfabetizados, 15 não alfabetizados,

19 têm ensino fundamental incompleto, 16 têm ensino fundamental completo e 16 não concluíram o ensino médio, e 4 não responderam. Os dados demonstram que nenhum pai possui o ensino médio completo, curso superior ou pós-graduação.

Em relação aos graus de escolaridades das mães, os dados evidenciam que 3 mães são alfabetizadas, 24 não alfabetizadas, 30 possuem ensino fundamental incompleto, 11 têm o ensino fundamental completo, 11 não terminaram o ensino médio, 6 concluíram o ensino médio, 2 possuem curso superior completo, e 7 não responderam; não houve respostas para outros níveis de formação.

Verificamos que dentre os 94 estudantes pesquisados, há entre pais e mães um total de 39 que não são alfabetizados, uma incidência de 41,5%. Diante desse dado, podemos afirmar que no município de Tabatinga poderá haver grande percentual de analfabetos.

Quando perguntamos aos educandos sobre a repetência em alguma série, 69 discentes disseram que já repetiram de série, 24 responderam que não repetiram, 1 não respondeu. A pesquisa demonstra que existe significativa quantidade de alunos que já repetiram alguma série.

Sobre a repetência de série, obtivemos os seguintes dados: 1 estudante disse que repetiu a 1° série, 2 disseram que repetiram a 2°, 6 a 3°, 10 a 4°, 16 a 5°, 6 a 6°, 10 a 7°, 13 a 8° do ensino fundamental, 10 repetiram o 1°, 3 o 2° ano do ensino médio, 6 disseram que não repetiram de série, e 6 não responderam. Podemos dizer que a trajetória escolar da maioria dos sujeitos envolvidos na pesquisa é caracterizada por incidência de repetição em séries escolares.

Os motivos que conduziram os discentes a repetir alguma série revelam os seguintes aspectos: 17 alunos afirmaram que foi por falta de interesse, 10 afirmaram que desistiram por motivo de doença, 8 por problemas familiares, 8 por dificuldade de aprendizagem, 7 por motivo de gravidez, 2 por prestarem o serviço militar, 11 argumentaram a questão trabalho, 1 por falta de recursos dos pais, e 30 não responderam.

Analisando os resultados, verificamos que a maior incidência ocorreu com alunos repetentes, cerca de 18,1% responderam que repetiram de série por falta de interesse e problemas familiares. Isso revela que o percurso desses alunos ocorre com grandes dificuldades, envolvendo questões de natureza social e pedagógicas,

Quando indagados se a frequência dos alunos à escola é realizada concomitantemente com o trabalho, a resposta foi que: 68 discentes estudam e trabalham, isso corresponde a 72,4%, 22 afirmaram que só estudam, e 4 não responderam.

As atividades exercidas pelos discentes são nas seguintes profissões: 1 office-boy, 2 autônomos, 1 manicure, 22 trabalham em serviços gerais, 3 são mecânicos de moto, 1 técnico de informática, 1 vigia, 1 ajudante de pedreiro, 4 auxiliares administrativos, 8 comerciários, 3 funcionários públicos, 5 pedreiros, 1 costureira, 3 secretarias, 1 mototaxista, 1 soldador, 3 motoristas, 1 agente de saúde, 1 ajudante de marcenaria, e 28 não responderam. Nessa dinâmica de funções, observa-se que prevaleceram os serviços gerais, com 21,3%.

A questão do estudo e do trabalho é uma dimensão que se apresenta de maneira muito concreta quando se discute a Educação de Jovens e Adultos no Brasil, em geral são alunos trabalhadores que realizam uma jornada de trabalho intensa e que busca na escola a melhoria de sua formação escolar.

Quando questionados sobre o trabalho do professor em sala de aula, 4 educandos enfatizam que *"o professor ensina para que o aluno tenha melhores oportunidades na vida e no trabalho"*, 34 afirmam que *"o professor é de fundamental importância para o ensino e aprendizagem"*, 4 discentes responderam que *"o professor deve demonstrar respeito e conhecimento para com seu aluno"* e 1 respondeu que *"o trabalho do professor é muito estressante"*, 39 disseram que *"apesar do salário que não é bom, os professores são bons, ótimos e responsáveis"*, e 11 não opinaram.

A pesquisa apresenta duas maiores incidências em relação ao fazer pedagógico do professor: 41,5% dos estudantes afirmaram que o fazer pedagógico do professor é muito importante para o processo de ensino e aprendizagem, 36,2% disseram que o professor é importante para o processo educativo.

A resposta dos sujeitos envolvidos na pesquisa nos leva à seguinte reflexão sobre o processo de ensino e aprendizagem na modalidade Educação de Jovens e Adultos. Os alunos acreditam que seus professores têm uma significativa responsabilidade no processo de ensino e aprendizagem e reconhecem a importância dos docentes no processo formativo em sala de aula com seus alunos.

Embora se saiba que há pouco incentivo para ampliação em relação à formação dos professores que atuam na EJA, os discentes acreditam que os professores da EJA contribuem significativamente para a trajetória escolar dos estudantes.

Quando indagados sobre a perspectiva do trabalho docente apontada para uma visão crítica frente à realidade social do estudante, 90 discentes consideram que o trabalho do professor contribui para uma visão crítica do educando, ou seja, a maioria vê no fazer pedagógico dos profissionais da EJA essa dimensão política da educação e 95,8% dos alunos afirmaram que o trabalho do professor é desenvolvido com o objetivo de ajudar o educando, apesar de as condições de trabalho não serem favoráveis.

Quando questionados sobre a influência das condições de realização do trabalho docente no processo de ensino e aprendizagem, 56 estudantes responderam que a falta de condições de trabalho interfere no processo de ensino aprendizagem, 35 alunos disseram que não interfere, e 3 não responderam. Os resultados demonstram que dos 94 sujeitos pesquisados, 59,6% afirmam que as más condições de trabalho interferem sim no fazer pedagógico do professor.

É importante destacar que o professor é um sujeito fundamental para o processo de ensino e aprendizagem. Esse profissional é responsável pela formação de todos os seres humanos que passam pelos bancos escolares e universitários. São esses profissionais que deveriam receber formação continuada periodicamente, que deveriam ganhar suficientemente bem para que pudessem se manter atualizados com as novas tecnologias e compra de livros didáticos correspondentes à sua formação. Certo é que é o professor quem contribui na formação crítica do aluno.

É oportuno destacar que nosso trabalho de pesquisa teve a participação de 94 educandos do 3º ano do ensino médio e 8 educadores da modalidade Educação de Jovens e Adultos. A pesquisa foi realizada primeiramente com os estudantes, que responderam um formulário contendo questões abertas e fechadas. Posteriormente foi realizada com os professores, os quais responderam um roteiro de entrevistas com perguntas semiestruturadas.

Para efeito das categorias do estudo, identificamos os docentes que trabalharam no 3º ano do ensino médio da EJA, como sujeitos da pesquisa de campo com as letras do alfabeto brasileiro, correspondentes as letras professor(a) A, professor(a) B, professor(a) C, professor(a) D, professor(a) E, professor(a) F, professor(a) G e professor(a) H.

Sobre o perfil dos professores que atuam com essa modalidade de ensino, existe a seguinte caracterização: o professor A concluiu o Curso de Letras e Especialização na área de Língua Portuguesa; o professor B graduou-se em Letras; o C em Matemática; o D e o E em Biologia; o F graduou-se em Filosofia e História e conclui Especialização em Gestão Escolar; o G em Matemática; H em História. É importante destacar que todos os professores, sujeitos envolvidos na pesquisa, são graduados, apresentando graduação em áreas diferentes do ensino e nenhum graduou-se no Curso de Pedagogia.

É oportuno afirmar que a modalidade de ensino EJA exige formação específica de seus profissionais, porém, essa especificidade é inexistente na Escola Estadual Pedro Teixeira. Acreditamos que com uma instituição com profissionais qualificados nessa modalidade de ensino os resultados no processo educativo dos alunos seriam melhores.

Quanto ao ingresso no Magistério, configura-se o seguinte quadro: o professor A respondeu que ingressou no Magistério em 2008; o B afirmou que iniciou o Magistério em 1993; o C afirmou que entrou no Magistério em 2006; o professor D disse que iniciou seu trabalho em sala de aula em 2009; o E confirmou ter entrado na docência em 2005; o F não respondeu; o G disse ter iniciado seu trabalho docente em 2011; e o H em 1994. Referente às respostas obtidas pelos sujeitos, comprovamos que existem três educadores com mais de dez anos de docência e que trabalham na Escola Estadual Pedro Teixeira e segundo eles querem continuar trabalhando na instituição.

Em relação ao tempo de docência, o docente A afirmou trabalhar há três anos; o B há 18 anos; o C há cinco; o D há dois anos; o E há seis anos; o F há 16 anos; o docente G há menos de um ano; e o professor H há 16 anos. Podemos observar que apenas um educador apresenta menos de um ano trabalhando como docente, os demais possuem bastante experiência na área educacional.

Em relação ao exercício na docência da modalidade Educação de Jovens e Adultos, 100% dos professores afirmaram que trabalham menos de cinco anos. Embora a maioria dos docentes tenham respondido que tem uma longa experiência na área educacional. Consideramos muito importante os depoimentos dos professores em relação ao seu fazer pedagógico, mas percebemos a ausência de cursos de formação específica.

Quando indagamos sobre a renda mensal dos professores, obtivemos as seguintes respostas; 3 (três) docentes recebem de dois a três salários mínimos, 4 (quatro) recebem de três a quatro, 1 (um) recebe de cinco a seis salários mínimos. Diante desse quadro, é perceptível a desvalorização do trabalho docente desses trabalhadores, pois a especificidade do trabalho no EJA exige dos profissionais além da competência teórica, diversas habilidades para trabalhar com essa população jovem e adulta.

Embora a remuneração salarial do professor seja insuficiente para alcançar um patamar de sobrevivência, os docentes que atuam na EJA reconhecem a importância do seu trabalho e acreditam que sua prática está voltada para uma formação crítica dos educados, uma vez que dos oito professores entrevistados, sete responderam que atuam no magistério na perspectiva de contribuir para a vida social do aluno. Os dados da pesquisa nos revelaram que 100% dos professores gostam de trabalhar na EJA.

No que se refere às condições de trabalho oferecidas pela escola para a realização do fazer pedagógico do professor, a maioria dos docentes afirmou que não são oferecidas as condições necessárias para a realização do trabalho, isso demonstra que o Poder Público deve investir nessa modalidade de ensino.

No que diz respeito à capacitação para atuar nas áreas de Educação de Jovens e Adultos, identificamos que existem algumas lacunas quanto a essa questão, pois nenhum docente tem qualificação específica na área de Educação de Jovens e Adultos, mas por força da necessidade trabalham com compromisso e responsabilidade.

Verificamos que apesar de anos de experiência de cada docente no campo do magistério, sua prática ainda é constituída em grande parte pelo enfoque tradicional dado, já que a própria escola reproduz os valores da pedagogia tradicional. Nesse caso, o professor pode até ter a cabeça voltada para a pedagogia nova, mas as condições oferecidas para a realização de seu trabalho são tradicionais, o que dificulta a realização de um trabalho pedagógico voltado para a pedagogia libertadora.

Outra questão que precisamos dar ênfase é a de que todos os docentes trabalham no ensino médio com a modalidade EJA há menos de cinco anos. É importante destacar que a qualificação do profissional e a formação continuada para os profissionais da modalidade EJA é de grande importância para que ocorra o processo de ensino e aprendizagem dos estudantes.

Quando indagados sobre a contribuição da EJA no processo de ensino e aprendizagem para os educandos, o professor C enfatizou o seguinte: *"tem contribuído, talvez não na sua totalidade, mas aos poucos o processo de ensino e aprendizagem de jovens e adultos tem despertado no educando seu senso crítico em relação aos seus direitos e deveres".*

O professor D disse que: *"por ser modalidade de ensino, percebe-se que o estudo dos discentes é muito resumido, sendo que, depende do esforço, tanto do professor como do aluno".* Nas palavras do professor E, é relatado o seguinte:

> [...] realmente a modalidade de Educação de Jovens e Adultos veio para suprir a necessidade de algumas pessoas que não tiveram oportunidade de estudar e esta modalidade tem contribuído bastante na vida profissional de cada estudante.

Sobre as condições de trabalho oferecidas pela escola para a realização do fazer pedagógico, os professores consideram:

> [...] a escola tem uma estrutura muito boa, equipamentos de multimídia, que já é uma boa ajuda, falta alguns materiais de apoio, principalmente pincéis. (Docente C).
>
> [...] a escola fornece vários meios, recursos multimídia para a realização do fazer pedagógico, vai depender do professor coma sua metodologia para desenvolver as atividades em sala de aula (Docente D).
>
> [...] toda infraestrutura é dada, pois a escola dispõe de meios tecnológicos de última geração com sala de mídia e audiovisuais (Docente E).
>
> [...] falta material didático, tais como: livros, mapas e outros" (Docente F).
>
> [...] as condições de trabalho oferecidas pela escola não são muito favoráveis para o ensinamento (Docente G).
>
> [...] as condições de trabalho oferecidas pela escola são boas, vai depender do professor, se vai fazer uso das novas ferramentas de trabalho (Docente H).

Diante desses relatos, podemos perceber que para alguns professores há boas condições para a realização do trabalho docente. Para outros, os recursos disponíveis ainda são insuficientes para desenvolver um bom trabalho. Diante dessa questão, nos questionamos: será que os materiais disponíveis são suficientes para realizar uma práxis profissional transformadora?

Indagados ainda se as condições de trabalho oferecidas pela escola interferem na prática profissional do educador de jovens e adultos; os professores ressaltaram que:

> [...] uma boa condição de trabalho ajuda bastante nessa prática, enquanto que a falta de alguns materiais interfere negativamente (Docente C).
>
> [...] não, pois a escola oferece todas as possibilidades de mídia e professor altamente qualificado para desempenhar suas funções com dedicação e coerência (Docente E).
>
> [...] sim, e acrescentou "sem material necessário a aprendizagem fica comprometida" (Docente F).

> [...] sim, um pouco, pois o professor não tem material suficiente para ministrar aulas (Docente G).
>
> [...] sim, pois os novos equipamentos tecnológicos tornam as aulas mais interessantes (Docente H).

Nas falas dos professores podemos verificar que de maneira geral eles enfatizam que as condições materiais influenciam no seu fazer profissional e a maioria dos profissionais que trabalham na escola ressalta que a falta de condições materiais interfere negativamente no processo de ensino e aprendizagem.

Do ponto de vista da percepção dos docentes sobre a contribuição da política educacional brasileira voltada para a formação do educador da EJA, os docentes assim se posicionam:

> [...] tem contribuído sim, em algumas questões, mas há muito que melhorar principalmente na questão do livro didático, pois não se sabe se em outras escolas existem, pois aqui está faltando (Docente C).
>
> [...] na minha percepção, a política educacional para jovens e adultos não tem contribuído na capacitação e na extensão dos docentes, pois o professor precisa pagar de seu salário que não é muito para poder dar continuidade a seus estudos, se quiser fazer curso de especialização ou mestrado, na verdade, o professor para em sua graduação e se não tiver condições financeiras fica parado o tempo todo (Docente D).
>
> [...] que eu saiba, não, pois não se investe em capacitação ou treinamento para essa finalidade (Docente E).
>
> [...] precisamos constantemente de capacitação profissional (Docente F).
>
> [...] não tem contribuído, falta capacitação para os professores e livros para os alunos (Docente H).

Analisando as respostas dos docentes, percebe-se claramente grande preocupação e insatisfação em relação à política para a formação dos educadores. Afirmamos que sem professores bem preparados e qualificados para a modalidade EJA, o ensino pouco contribuirá para uma formação significativa dessa população. Isaia (2004 *apud* RISTOFF; SEVEGNANI, 2006, p. 66) destaca que

> [...] apesar do entendimento institucional de que os docentes são responsáveis pela formação dos futuros profissionais, sua formação docente não tem sido valorizada pela maioria da IES e nem pelas políticas voltadas para a educação.

Do ponto de vista da formação para os professores, consideramos as políticas voltadas para atender esses profissionais ineficientes, pois não atendem a todos os que necessitam de novos conhecimentos.

Segundo Freitas (2004 *apud* BARBOSA, 2004, p. 90), "a luta pela definição de uma política nacional global de formação de profissionais da educação, visando a sua profissionalização e valorização, é condição indispensável para a definição das políticas educacionais". Compreendemos que essa política deve visar à construção de novas relações no campo educativo, da formação profissional e da educação do professor. Em relação à pergunta "a possibilidade do fazer profissional contribui para a formação crítica dos educandos?", os docentes enfatizaram:

> [...] *na medida do possível, sim, aos poucos os alunos da EJA estão se tornando pessoas mais críticas (Docente C).*
>
> [...] *acredito que sim, pois tenho me empenhado bastante como educadora para preparar os alunos a terem uma visão crítica e para sensibilizá-los no processo de ensino e aprendizagem (Docente D).*
>
> [...] *sim, pois procuro conscientizar todos em vários níveis de conhecimento, política, educação, saúde e prevenção na escola para que possam entender e tomar suas próprias decisões (Docente E).*
>
> [...] *sem dúvida, se percebe no cotidiano dos alunos sua aprendizagem (Docente B).*
>
> [...] *sim, tem contribuído bastante".* Observa-se que cem (*100%) por cento dos educadores afirmam que seu traba-*

> lho docente tem contribuído para uma formação crítica do educador (Docente H).

Consideramos que os professores buscam desenvolver no processo de formação dos educandos uma perspectiva crítica diante das contradições sociais, pois entendemos que "ensinar exige criticidade [...]", ou seja, "não haveria criticidade sem curiosidade" Freire (1996, p. 31). É importante assinalar que quanto mais o professor ensina, e quanto mais o educando aprende, mais desperta sua curiosidade frente ao processo de ensinar e aprender, na verdade, ambos aprendem com as suas curiosidades.

Na pergunta a respeito do processo de ensino e aprendizagem e sobre a metodologia utilizada para trabalhar os conteúdos programáticos na EJA, os professores responderam:

> [...] existe duas situações para que haja uma boa aprendizagem, alguém para ensinar e alguém disposto a aprender, pois a metodologia só alcança seu objetivo quando há interesse do aluno" (Docente C).

Para o docente E, em um conteúdo programático a ser cumprido tem que ser trabalhado os *temas transversais*. Para o professor F, a metodologia adotada tem *"contribuído muito"*. Os demais professores ressaltaram que suas metodologias têm contribuído muito para no processo de ensino e aprendizagem dos alunos da EJA.

Chama-nos atenção a fala do professor C, ele afirma que a responsabilidade do processo de ensino e aprendizagem é do educador e do educando. No entanto, destaca que a metodologia só é eficaz *"quando há interesse do aluno"*. Sobre essa questão, nos perguntamos: como despertar o interesse dos alunos que estudam na EJA? O interesse do aluno é inato, ou pode ser construído por meio de ações significativas no cotidiano escolar?

Nas observações realizadas em sala de aula sobre a metodologia utilizada pelos docentes da EJA do 3º ano do ensino médio, percebemos que todos os docentes apresentam interesse em transmitir os conteúdos programáticos, porém esbarram em dificuldades como: domínio dos conteúdos por falta de leitura antecipada e utilização de metodologia inadequada para trabalhar determinados conteúdos. Constatamos que 100% dos profissionais utilizam métodos tradicionais, como copiar no quadro, organização das carteiras em filas, trabalhos individuais, postura de supervisor na hora da avaliação, ausência de debates em sala.

Percebemos que essas questões, em parte, dificultam o ensino e aprendizagem dos educandos no decorrer do processo educativo. Acreditamos que uma das possibilidades para mudar esse quadro é a realização de cursos de formação pelos profissionais, isso porque, segundo Moreira (2008, p. 16-17),

> [...] o professor pode conduzir no contexto de sua prática profissional, objetivos que possam melhorar sua prática pedagógica, desenvolvendo novas estratégias de ensino e buscar soluções que ajudem na aprendizagem do aluno.

O posicionamento do autor nos remete a uma reflexão sobre a prática docente empreendida em sala de aula pelos professores da EJA, para a qual consideramos necessário essa formação e as condições de trabalho dignas para que esse profissional exerça sua práxis. Quando indagados se os conteúdos escolares são pertinentes para a formação dos alunos do 3º ano do ensino médio da EJA, os docentes afirmaram que:

> *[...] alguns conteúdos são adequados, outros têm que ser selecionados para atender à realidade do educando (Docente C).*
>
> *[...] os conteúdos programáticos da EJA são resumidos, devido a ser modular, a cada disciplina tem sua carga horária bem diferente do ensino regular, onde cada disciplina tem o ano todo para o aluno conhecer e estudar melhor a disciplina (Docente D).*
>
> *[...] ora concordo, ora não concordo, se somarmos as horas-aula não teremos tempo para o planejamento, há tempo suficiente para esclarecimento e explicação dos conteúdos programáticos (Docente E).*

Percebemos que os docentes tecem uma crítica em relação aos conteúdos escolares propostos pelo FNDE e aprovados pela Secretaria de Educação do Estado do Amazonas, porém pouco ou quase nada podem fazer para mudar esse percurso. Afirmam que os conteúdos das disciplinas são resumidos para ampliar os horizontes do conhecimento dos alunos.

Ao analisarmos os conteúdos programáticos trabalhados pelos professores da EJA, os consideramos pertinentes, porém existem dificuldades em sua aplicabilidade pelos professores dessa modalidade, uma vez que estes adotam a pedagogia tradicional. Consideramos importante dizer que se houver mudança na forma de trabalhar os conteúdos programáticos, temos certeza que o aprendizado dos alunos será muito mais proveitoso.

Em relação à carga horária para trabalhar cada disciplina, consideramos insuficiente, porque os conteúdos são significativos e precisam de mais tempo para a discussão em sala de aula. Sobre o assunto, os professores assim se manifestaram: O docente D disse: *"não é suficiente, porque os conteúdos precisam ser detalhados"*. O professor C afirma: *"é suficiente"*. O docente E disse: *"sim, pois há tempo suficiente para tirar as possíveis dúvidas que por ventura surjam por parte dos manifestaram: alunos"*. O professor F disse: *"a carga horária deveria ser maior"*. O professor G respondeu apenas *"sim"*. O professor H disse: *"não, pois o professor tem que selecionar os conteúdos e resumi-los"*.

Nas respostas analisadas, 50% dos professores disseram que a carga horária é suficiente e 50% responderam que não é suficiente. Convém esclarecer que a carga horária trabalhada pelos docentes da Escola Estadual Pedro Teixeira com os alunos da EJA do 3º ano do ensino médio corresponde a 20 horas semanais, sendo distribuídas em dois horários. O primeiro tempo vai das 19h00min às 21h00min e o segundo das 21h10min às 22h30min.

Nesses dois horários, trabalham com a turma apenas dois professores, cada um com uma disciplina diferente. Sobre o horário, observamos que no primeiro o número de minutos é maior do que no segundo, correspondendo a uma defasagem de horas/aulas. De acordo com a Gerência da Educação de Jovens e Adultos/2010 da Secretaria de Estado da Educação e Qualidade de Ensino, "O ensino médio terá uma etapa única com carga de mil e seiscentas horas trabalhadas em dois anos letivos".

Sobre a relação entre o processo de ensino e aprendizagem e a realidade social dos estudantes da EJA do 3º ano do ensino médio, os educadores responderam:

> [...] o estudante da EJA tem que ter atenção especial, pois apresentam problemas porque vivem em realidades diferentes, as oportunidades devem ser oferecidas no processo de ensino e aprendizagem independente de suas dificuldades (Docente C).
>
> [...] deve fazer parte da EJA, a compreensão dos objetivos e procedimentos usados para a solução dos problemas, principalmente o tecnológico, pois muitos alunos estão acostumados aos métodos tradicionais, eles devem se adaptar a uma nova tecnologia para entender o conhecimento prático e teórico (Docente D).
>
> [...] primeiro faço um teste diagnóstico com a turma e depois sim começo trabalhar o conteúdo (Docente E).
>
> [...] relaciono como ensino normal aos alunos da EJA, pois estudam as mesmas disciplinas do ensino regular (Docente G).

Observamos que apenas um docente se reportou sobre as condições de vida dos alunos, isso demonstra a dificuldade desses profissionais em realizar um diagnóstico de seus alunos. Segundo Freire (1996, p. 38), "a prática docente critica, implica no fazer pedagógico certo, implica no pensar certo, envolver o movimento dinâmico, dialético entre o fazer e o pensar sobre o fazer". Compreendemos que pensar, analisar e avaliar certo nos permite uma melhor avaliação do contexto social de nossos alunos e orientar seus alunos da Educação de Jovens e Adultos.

Ghedin (2004, p. 408) contribui afirmando que "os professores precisam preparar-se para refletir e reelaborar as informações que lhes chegam pelos mais diversos meios". Podemos dizer que esse profissional do ensino deve apurar e refinar o seu olhar para o ensino, pois ocorrendo esse fato, o profissional poderá saber fazer escolhas acertadas e orientar seus alunos acertadamente.

É necessário que o educador da EJA reflita sobre seu fazer pedagógico, buscando compreender a realidade sócio histórica e cultural dos educandos na tentativa de desempenhar o trabalho de modo que seu aluno compreenda o processo de ensino e aprendizagem. Na questão "qual a percepção dos professores sobre o ensino oferecido pela Escola Estadual Pedro Teixeira na modalidade EJA?", os profissionais se pronunciaram da seguinte forma:

> *[...] a escola é uma referência na modalidade EJA, existem alguns problemas, nada que possa interferir no processo de ensino e aprendizagem dos alunos (Docente C).*
>
> *[...] o corpo administrativo, professor e gestor têm se empenhado para desenvolver melhor a qualidade no ensino na escola (Docente D).*
>
> *[...] a escola é referência no Alto Solimões, por desenvolver um trabalho diferenciado na modalidade, o professor procura trabalhar de forma adequada os parâmetros curriculares (Docente E).*
>
> *[...] se tivéssemos livros para os alunos, o aproveitamento dos alunos seria melhor (Docente F).*
>
> *[...] muito bom, pois tem ótimos professores (Docente G).*
>
> *[...]o ensino é bom, há comprometimento dos professores (Docente H).*

Os professores envolvidos na pesquisa responderam que a escola é referência na modalidade de ensino no município de Tabatinga, que existem professores empenhados e que o ensino é muito bom. Nossa pesquisa evidencia que a Escola Estadual Pedro Teixeira, de um modo geral, apresenta uma boa estrutura física; por outro lado, é deficiente em material para os alunos, inclusive falta de livro didático. Isso ocorre porque existe uma despreocupação por parte do MEC e da SEDUC em relação aos livros didáticos estarem na escola antes do início do ano letivo.

Quando questionados se a realização do trabalho docente foi opção profissional ou necessidade de sobrevivência, os professores expõem as seguintes falas: *"acredito que poucas pessoa veem o trabalho como prazer, mas como uma necessidade, o professor ao escolher esta profissão tem que estar preparado para trabalhar em ambas modalidades de ensino, se vai ser com prazer ou não, tem que fazer da melhor maneira possível* (Docente C); *"por prazer, gosto do que faço"* (Docente D); *"sou professor contratado desde 2006, trabalho nesta instituição de ensino com dedicação, presteza e seriedade, sou professor por opção, não por necessidade, adoro o que faço"* (Docente E); *"procuro fazer tudo da mesma forma, e aí, encontro prazer naquilo que faço"* (Docente F); *"por prazer"* (Docente G); *"é uma experiência nova, mas gostei muito"* (Docente H).

Afirmamos que as condições em que se realiza o trabalho docente são adversas, mas para a maioria dos entrevistados, a escolha profissional foi por opção e não uma necessidade de sobrevivência. Em relação ao trabalho na modalidade de Educação de Jovens e Adultos, os professores afirmam:

> [...] trabalhar com jovens e adultos é uma experiência nova, pois os alunos apresentam realidade diferente dos alunos do ensino médio regular, eles têm mais experiências de vida e tudo é encarado como um novo aprendizado (Docente C).
>
> [...] para mim é uma experiência muito boa trabalhar neste programa, por se tratar de uma educação diferenciada, porque exige do professor paciência, desempenho, habilidade e respeito, pois estamos lidando com diferentes idades, neste caso, deve haver uma boa integração e relação mútua entre professor e aluno (Docente D).
>
> [...] muita responsabilidade, dedicação, domínio do conteúdo, pois o educador que domina o assunto de trabalho pode encontrar várias formas de explicação para os educandos, facilitando o ensino e a aprendizagem (Docente E).

> [...] significa que estou aprendendo com a formação de muitas pessoas que não tiveram oportunidade para estudar no ensino regular (Docente F).
>
> [...] para mim significa muito, pois eu tenho maior prazer de ensinar as pessoas de mais idade, eles têm prazer de aprender, mais do que o aluno de idade menor (Docente G).
>
> [...] significa ser paciente e compreensivo, pois é uma modalidade diferenciada e o público-alvo, em sua grande maioria, ficou vários anos fora da sala de aula, por isso, apresenta dificuldades para assimilar os conteúdos. (Docente H).

É perceptível em todos os depoimentos dos professores que trabalham com a EJA do 3º ano do ensino médio noturno a importância que os docentes atribuem à Educação de Jovens e Adultos. Esses profissionais reconhecem as especificidades dessa modalidade de ensino e buscam desenvolver sua práxis mediante as necessidades dos educandos, porém, verificamos que são investidos todos os esforços possíveis para atingir os seus objetivos no processo de ensino e aprendizagem de seus alunos.

Por outro lado, os professores são profissionais que apresentam comprometimento com o seu trabalho, visto que banco de dados com materiais da EJA na escola é inexistente. Projetores, que deveriam contribuir na realização das atividades pedagógicas, são escassos, sendo apenas um aparelho para atender todos os docentes da escola, dificultando a realização de outras atividades que deveriam serem realizadas.

3.4 PERCEPÇÃO DO EDUCADOR DE JOVENS E ADULTOS SOBRE TRABALHO DOCENTE

O educador da modalidade EJA do 3º ano do ensino médio do turno noturno tem compreendido que a escola oferece boa estrutura, equipamentos de multimídia, dentre outros, mas, por outro lado, alguns afirmam que os livros didáticos para que os alunos possam acompanhar melhor suas aulas não são distribuídos a contento. Visitando as turmas em sala de aula, verificamos que somente o professor tinha o livro didático, de anos anteriores, enquanto os alunos ficavam copiando do quadro, causando com isso desânimo nos alunos.

Com relação à política educacional brasileira contribuir na formação do educador EJA nos últimos anos, 68,8% responderam que não contribui, 33,2% afirmaram que sim. Considerando as respostas dos docentes, existe uma lacuna em relação ao tema apresentado, pois a falta de oportunidade de cursos de formação para esses profissionais é realmente um problema.

Torres (2003, p. 60) em seu artigo "Política para educação de jovens e adultos e globalização", afirma: "a política para educação de jovens e adultos não tem sido prioridade do governo do século XX, e não há razão para se acreditar que esta tendência seja revertida no século XXI". Podemos dizer que as políticas empreendidas pelos governos não atendem às necessidades da classe dos educadores no que tange à qualificação profissional, na verdade, são parcas.

As legislações educacionais voltadas para o CNE/1998, Parecer 11/200/MEC/CNE, Proposta Curricular/2007 para EJA, PEE/AM/2008, RESOLUÇÃO/CD/FNDE/2009, PNE/2001-2011, afirmam que a valorização dos profissionais da educação deve acontecer periodicamente para que possam atender aos profissionais da educação, porém isso não acontece.

É importante destacar que as políticas de formação para todos os educadores são de suma importância, mas não ocorre. A ausência dessas políticas faz com que os educadores fiquem à mercê de formação continuada, dificultando, dessa forma, seu fazer docente. Em relação a essa questão, Freire (1996, p. 68) nos alerta:

> [...] como professor preciso me mover com clareza na minha prática. Preciso conhecer as diferentes dimensões que caracterizam a essência da prática, o que me pode tornar mais seguro no meu próprio desempenho.

Afirmamos que o educador precisa estar em constante mudanças frente ao seu trabalho pedagógico.

Ayres (2004, p. 13) menciona que: "tenho a firme convicção de que somente a competência do professor, traduzida num eficiente desempenho em sala de aula, é que poderá mudar as coisas neste país". Nesse sentido, a ação educativa do professor não pode distanciar-se do conhecimento crítico, pois o educando da EJA precisa conhecer os caminhos do processo educativo.

Severino (2003), em seu trabalho "Formação de educadores desafios e perspectivas", afirma: "a ação educativa só se torna compreensiva e eficaz se os sujeitos nela envolvidos tiverem clara e segura percepção de que ela se desenrola como uma prática político-social" (SEVERINO, 2003 *apud* BARBOSA 2003, p. 80). Enfatiza ainda que o educador precisa amadurecer uma profunda consciência de sua integração à humanidade para poder desenvolver sua prática educativa.

Afirmamos que os educadores da modalidade EJA do ensino médio da Escola Estadual Pedro Teixeira precisam de apoio institucional para que possam obter formação continuada e concretizar seu trabalho com eficiência. Acreditamos que o ensino poderá melhorar consideravelmente se o professor for ajudado profissionalmente.

Entendemos que o professor precisa de novas alternativas para buscar novos conhecimentos frente ao processo educativo. Grandes são os esforços apresentados por esses profissionais para a realização de seu fazer pedagógico. Para isso, a escola e a Secretaria Estadual de Educação precisam abrir esses caminhos.

Acreditamos que seja possível oportunizar periodicamente ao professor formação continuada, das melhores condições de trabalho, pagar um salário digno para que esse docente possa obter qualificação profissional compatível com o seu trabalho e que venha contribuir no processo de ensino e aprendizagem dos educandos da modalidade EJA. No processo de investigação, constatamos o esforço apresentado pelos professores da Educação de Jovens e Adultos para a realização de seu trabalho docente, apesar de enfrentar várias dificuldades.

É evidente a preocupação dos profissionais com vista a realizar atividades educativas para integração dos educandos. Atividades estas que têm grande significado em relação à sociabilidade e integração dos estudantes. Ventura (2008) diz que o Brasil vivencia uma significativa ausência na discussão sobre formação de professores da EJA. Di Pierro (2010) diz que há uma convergência entre o discurso acadêmico e político sobre a necessidade de formação de educadores para as especificidades da modalidade e sua profissionalização, no entanto, pouco se avançou nesse terreno.

As Diretrizes Curriculares Nacionais para Educação de Jovens e Adultos defendem a formulação de projetos pedagógicos próprios, nos quais os educandos devem ser atendidos por um processo de escolarização com qualidade, socialmente referenciada por meio de projetos educativos que considerem os trabalhadores como sujeitos, cujas potencialidades cognitivas advenham exatamente da sua vivência particular. Nesse sentido, o professor recebendo periodicamente qualificação para a realização do seu trabalho docente terá muito mais condições de perceber e compreender em quais condições estão realizando seu fazer pedagógico.

Defendemos a necessidade de mais investimento na qualificação dos docentes que atuam com essa modalidade de ensino, uma vez que esses profissionais devem ser preparados no seu processo de formação, para que tenham condições necessárias ao educador da EJA; a nosso ver, requer que o Estado brasileiro assuma urgentemente as políticas públicas necessárias à formação e às condições de trabalho oferecidas a esses profissionais.

A percepção do educador de jovens e adultos sobre o trabalho docente traz em si alguns condicionantes: boa vontade para realizar suas atividades, interesse individual e coletivo, compromisso docente, porém, existe uma lacuna entre a vontade e o seu quefazer. Por um lado, o professor tem vontade de fazer o seu quefazer, por outro, as condições de trabalhos dificultam a realização do seu querer fazer.

As atividades são realizadas com os seus alunos de acordo com a formação que tiveram no decorrer do seu curso de graduação e experiências vividas com os seus colegas de trabalho. Esses profissionais em geral reproduzem no seu fazer pedagógico o enfoque tradicional. Libâneo (2003) diz que essa pedagogia se sustenta na ideia de que a escola tem por função preparar os indivíduos para o desempenho de papéis sociais, de acordo com as aptidões individuais.

Por outro lado, observa-se que os professores têm em mente os princípios da pedagogia libertadora, porém a realidade em que trabalham é tradicional, porque a instituição é tradicional. O professor se vê pressionado pela pedagogia oficial que prega a racionalidade e a produção do sistema e do seu trabalho. Em outras palavras, a cabeça do professor é pedagogia libertadora, porém a prática e a realidade em que trabalham são tradicionais.

Nosso entendimento é de que não basta somente querer, é necessário buscar estratégias de mudanças que possam intervir na forma como esta estrutura a escola em seus aspectos pedagógicos. Acredita-se que há uma necessidade de se pensar em reformas compartilhadas pelo coletivo da escola, onde possam ocorrer discussões sobre as principais necessidades à ação pedagógica do professor. Gadotti (1995) afirma que é preciso haver uma construção individual, compartilhada com o conhecimento coletivo, para que o processo de ensino e aprendizagem ocorra.

Compreendemos que o diálogo entre os partícipes do processo educativo deve ser de cunho fundamental, para que se construa coletivamente o fazer pedagógico. A consciência crítica dos envolventes no trabalho educativo certamente contribuirá para amenizar a problemática da escola. Entretanto, o trabalho do professor precisa ser pensado e repensado a partir de sua atuação, a partir da teoria – prática-teoria; ação-reflexão-ação, pois tudo isso nos leva nos submeter a um olhar sobre o fazer pedagógico para ensinar jovens e adultos.

O educador sente necessidade de uma formação continuada, para que possa aprender a dinâmica do trabalho docente realizado com os educandos da EJA. Por outro lado, é necessário que cada profissional que trabalha com a modalidade de ensino EJA possa, no decorrer de sua experiência docente, aprender buscando novos conhecimento em relação à aplicabilidade de sua práxis. Acreditamos que essa compreensão deve superar as fragilidades de trabalho e formação continuada a seus professores.

Para Frigotto (1996, p. 95), "sem uma sólida base teórica e epistemológica a formação e profissionalização do educador reduz-se a um adestramento, a um atrofiamento das possibilidades educativas" (FRIGOTTO, 1996 *apud* SILVA; GENTILLI, 2000). Segundo o autor, é necessária uma formação consistente dos professores, no sentido de que possam realizar seu fazer pedagógico com proficiência e, assim, possam melhorar a aprendizagem dos educandos envolvidos no processo educativo.

O esclarecimento de Frigotto é de suma importância para todos os educadores que trabalham com a EJA, principalmente porque a formação do professor e da professora é uma questão muito significativa para o profissional da educação que trabalha, cotidianamente, em sala de aula. Entendemos, pois, que é preciso uma política de formação sólida que alcance todos os níveis de ensino, principalmente os professores que trabalham com a Educação de Jovens e Adultos.

Após as Constituições de 1824 no Brasil Império, de 1891 na Primeira Constituição Republicana, de 1934 na Segunda República, de 1937 no Estado Novo, de 1946 Republicana, de 1967 no Regime militar e, finalmente, a de 1988, considerada a Constituição Brasileira mais democrática do país, a aprovação da LDB/1996 permitiu que a EJA deixasse de ser curso suplementar para ser uma modalidade de ensino como todas as demais.

Portanto, nada mais do que justo e coerente os governos federal, estadual e municipal assumirem a responsabilidade de oportunizar como prioridade formação contínua para todos os professores e professoras que trabalham com a modalidade de ensino EJA. Com certeza haveria uma melhor qualidade de ensino para os estudantes trabalhadores e pais de família que querem, de certa forma, concluir o curso de ensino médio para poderem obter melhores condições educacionais e assim pleitear um trabalho.

3.5 A RELAÇÃO PEDAGÓGICA ENTRE EDUCADOR E EDUCANDO DE JOVENS E ADULTOS NA ESCOLA ESTADUAL PEDRO TEIXEIRA

Pensar a relação pedagógica entre educador e educando de jovens e adultos é refletir sobre suas experiências de vida, sobre os encontros realizados na escola e fora dela, refletir sobre a troca de experiências ocorridas entre esses sujeitos durante e perante o processo de ensino e aprendizagem. O educador da EJA deve respeitar as diferenças culturais do educando, sua autonomia, sua identidade, para que essa relação ocorra com respeito e comprometimento.

Frente ao exposto, podemos dizer que a prática docente é especificamente humana e, sendo humana, traz em si condicionantes na formação do educando. Freire (1996, p. 59), nos lembra que "o respeito à autonomia e à dignidade de cada um é um imperativo ético e não um favor que podemos ou não conceder uns aos outros". Podemos dizer que durante e perante o processo educativo, o professor e seus alunos devem conviver harmoniosamente, devem viver e aprender em comunhão. Freire (1996, p. 60) diz o seguinte:

> O professor que desrespeita a curiosidade do educando, o seu gosto estético, a sua inquietude, a sua linguagem, mais precisamente, a sua sintaxe e a sua prosódia. O professor que ironiza o aluno, que o minimiza, que manda que, "ele se ponha em seu lugar" ao mais tênue sinal de sua rebeldia legítima, tanto quanto o professor que se exime do cumprimento do seu dever de propor limites à liberdade do aluno, que se furta ao dever de ensinar, de estar respeitosamente presente à experiência formadora do educando, transgride os princípios fundamentalmente éticos de nossa existência. (FREIRE, 1996, p. 59-60).

Nessa perspectiva destacada por Freire, podemos dizer que o trabalho docente exige comprometimento, responsabilidade, respeito mútuo, parâmetros entre educador e educando, para que o processo de ensino e aprendizagem alcance bons resultados. O professor estuda, busca, organiza, planeja e se planeja para oportunizar bons ensinamentos aos seus alunos. Já a responsabilidade discente está no participar, contribuir, relacionar-se bem com professor e seus colegas, ter interesse em aprender os ensinamentos apresentados pelos professores. Na verdade, o professor e o aluno da EJA em particular devem viver mutuamente, aprender e ensinar juntos, pois a busca de conhecimento deve ir além do que está escrito nos livros, e somente poderá ocorrer esse processo educativo se ambos tiverem pleno interesse. Freire (1996, p. 62) destaca:

> Saber que devo respeito à autonomia, à dignidade e a identidade do educando e, na prática, procurar a coerência com este saber, me leve inapelavelmente à criação de algumas virtudes ou qualidades sem as quais aquele saber vira inautêntico, palavreado vazio e inoperante. De nada serve a não ser para irritar o educando e desmoralizar o discurso hipócrita do educador, fala em democracia e liberdade, mas impor ao educando a vontade arrogante ao mestre.

O exercício do educador está em educar o discente para a vida, valorizá-lo e respeitá-lo no decorrer do processo de ensino e aprendizagem. O professor não pode educar sem primeiro valorizar o sujeito que ensina e aprende, pois assim estaria encerrando o processo de valorização dos estudantes que vivem em diferentes contextos sociais.

Nesse sentido, a relação pedagógica entre educador e educando de jovens e adultos, a cada momento de sua história, deve humanizar-se no sentido de haver melhor entendimento sobre a busca de novos conhecimentos. Sobre isso, Freire (1996, p. 67) acrescenta: "o meu respeito de professor à pessoa do educando, à sua curiosidade, à sua timidez, que não devo agravar com procedimentos inibidores exige de mim o cultivo da humanidade e da tolerância".

O pensar de Freire faz o educador de jovens e adultos refletir sobre sua prática docente, formação e construção de sua identidade profissional, bem como lidar com os educandos que vivem em realidades diferentes. O lidar com seus alunos faz o educador buscar novos conhecimentos específicos para compreender o cotidiano escolar. Nessa perspectiva, o professor deve aprender a lidar com esse tipo de situações sociocultural diferentes, porque os sujeitos são diferentes. É preciso que o educado do século XXI esteja em constante preparação e mudança de comportamento pra realizar seu trabalho docente, por isso é necessário formação continuada periodicamente, para que tenhamos ensino de qualidade.

Ao observar a relação pedagógica entre educador e educando na Escola Estadual Pedro Teixeira, percebemos que existe um bom clima de relacionamento, onde prevalece respeito, harmonia e tolerância entre educando e educador. Nesse período de investigação, tivemos a oportunidade de vivenciar exposição de trabalhos extraclasse apresentados pelos alunos do 3º ano do ensino médio da EJA do turno noturno, vimos bastante envolvimento, com mais de 80% de participação.

É bom destacar que os trabalhos realizados pelos educandos tinham como base a obtenção de notas em algumas disciplinas. Acreditamos que o ensino dos conteúdos implica o testemunho ético do professor, isso porque a relação existente entre o ensinar e o aprender depende da relação e do entendimento entre os autores envolvidos no processo educativo. Nessa direção, Freire (1999, p. 102-103) explica o seguinte:

> Não posso ser professor a favor de quem quer que seja e a favor de não importa o que. Sou professor a favor da luta constante contra qualquer forma de discriminação, contra a dominação econômica dos indivíduos ou das classes sociais. Sou professor a favor da esperança que me anima apesar de tudo. Assim como não posso ser professor sem me achar capacitado para ensinar certo e bem os conteúdos de minha disciplina, não posso reduzir a minha prática docente ao puro ensino daqueles conteúdos.

A citação nos leva a refletir sobre o ato de ensinar e da capacidade que os docentes devem ter para compreender os processos sociais e econômicos deste país e do mundo globalizado, capaz de ser um profissional coerente conhecedor dos seus direitos e deveres, sujeito capaz de saber lidar com a diferença cultural dos sujeitos envolvidos no processo educativo. Ser um profissional diferente daqueles que apenas transmitem conteúdos a seus alunos, ter consciência de inacabado e ir além dos manuais, na perspectiva de superar a fragmentação do conhecimento.

Consideramos que a raiz da problemática na EJA esteja relacionado ao saber lidar com a diferença dos educandos, e que, esse saber lidar pode contribuir para uma ação transformadora. Acreditamos que o Estado brasileiro pode efetivar políticas públicas sólidas de valorização dos profissionais da educação, para que estes possam efetivamente contribuir com a melhoria da qualidade social da educação.

Nesse sentido, a política educacional brasileira precisa priorizar a formação dos profissionais da educação, para que seu fazer docente não seja fragmentado. Ressaltamos que o Poder Público deve garantir efetivamente salários justos e oferecer condições dignas de trabalho que possibilitem reflexão permanente sobre a prática docente. Assim, acreditamos ser um passo significativo para mudar o cenário da EJA no Brasil.

Consideramos importante destacar que, desde a chegada dos padres jesuítas no Brasil, existe uma luta a favor dos menos favorecidos, no que diz respeito ao aprender ler e escrever. No caso do ensino fundamental e médio, existe uma política de formação para os professores, porém não atende a todos, principalmente aos professores que estão trabalhando em sala de aula com esta modalidade de ensino.

Fica clara a necessidade de melhoraria para essa política de investimento na educação, também no pagamento dos professores com melhores salários, local de trabalho com boas condições, onde o estudante, ao chegar na escola, se sinta bem, com estimulo para o aprendizado, o que não acontece e que não é de hoje a luta dos educadores por melhores condições de trabalho.

Na verdade, o Brasil, de norte a sul, de leste a oeste, precisa melhorar o atendimento a modalidade da EJA, com programas de governo que atendam as necessidades básicas do aluno, que busca a aprendizagem, e do professor e professora, que precisam de qualificação profissional para realizar um bom trabalho docente. Fica claro que sem essas políticas a EJA continuará como modalidade de segunda categoria, sendo, portanto, excluída dos programas de governo.

CONSIDERAÇÕES FINAIS

O estudo faz, inicialmente, uma retrospectiva histórica sobre a Educação de Jovens e Adultos no Brasil, na qual é evidenciado o cenário político dos anos 1940 aos anos 1990, discute também as políticas públicas implementadas pelo Estado brasileiro sobre a formação do educador da Educação de Jovens e Adultos, as políticas públicas empreendidas pelo estado do Amazonas frente à modalidade de ensino da EJA e as condições de trabalho oferecidas ao educador para realização do seu fazer pedagógico.

Neste trabalho, abordamos o conceito de práxis, fundamentada em autores clássicos e contemporâneos, apontando a importância desse conceito na análise sobre a prática do educador de jovens e adultos. Segundo a discussão realizada, essa noção se fundamenta na perspectiva histórico-crítica, consubstanciada na tríade ação-reflexão-ação do educador.

Do ponto de vista das políticas para a formação docente, o presente trabalho indica a descontinuidade das ações nessa esfera. Diante disso, consideramos fundamental para o exercício docente e para a melhoria da qualidade do ensino na EJA a formulação de políticas públicas consistentes para esse campo de ensino. Neste percurso foi possível identificar a necessidade que há de uma intervenção do Estado no que diz respeito a oferecer formação continuada aos educadores dessa modalidade de ensino, oportunizando-os melhores condições de trabalho, materiais didáticos, salários dignos, para que esse profissional possa ter condições dignas para a realização do seu fazer pedagógico.

Nessa perspectiva, a ação do Estado deve estar voltada a atender não somente os docentes em sua formação, mas contribuir com o processo educativo, para uma educação de qualidade. Para que os educandos possam aprender e obter melhores condições de ensino e compreender o processo de ensino e aprendizagem, o Estado deve cumprir o que preconiza as legislações educacionais vigentes.

A pesquisa aponta os antecedentes históricos do município de Tabatinga, demonstrando que este possui determinadas especificidades no âmbito amazônico. Apresentamos a trajetória da pesquisa, as atribuições dos docentes e discentes, sujeitos envolvidos no trabalho de campo. Nessa investigação, observamos a percepção do educador da modalidade de ensino da Educação de Jovens e Adultos sobre seu trabalho docente, a relação pedagógica existente entre educador e educando e a prática desse educador para formação crítica dos educandos para compreendermos a práxis do educador EJA.

Consideramos que a práxis do educador é fator de suma importância para o fazer pedagógico do profissional EJA, essa práxis, porém, pode contribuir no processo de ensino e aprendizagem dos educandos dessa modalidade de ensino. Nesse sentido, fica evidenciado que devem haver políticas públicas de formação docente, em que o Estado brasileiro e as instituições educacionais sejam responsáveis por oportunizar a todos os educadores formação continuada. É possível afirmar que de todos os professores envolvidos na pesquisa, nenhum tem formação específica para trabalhar com essa modalidade de ensino; isso significa dizer que a eles não foram oportunizados cursos específicos de formação, nos quais pudessem obter conhecimentos práticos e teóricos sobre o processo de ensino e aprendizagem da Educação de Jovens e Adultos.

Embora seja perceptível o esforço dos professores para ministrar o conteúdo programático do livro didático, observa-se a persistência da prática pedagógica tradicional, uma vez que 100% dos docentes se utilizam do copismo e da oralidade em sala de aula. O esforço do professor é que prevalece no horário de aula.

Outro ponto revelado pela investigação é de que dos 94 discentes do 3º ano do ensino médio do turno noturno da EJA envolvidos na pesquisa, 39 pais não sabem ler nem escrever, correspondendo a 41,5%, significa dizer que é necessário programa de governo sério para atender os jovens e adultos desescolarizados.

Identificamos que a principal causa do fracasso dos estudantes do EJA está relacionada à questão de trabalho, pois 68 de 94 sujeitos pesquisados afirmam que não podem deixar de trabalhar e apenas estudar, pois assumem responsabilidade para se manter e manter a família. Portanto, fica evidenciado que os alunos da Educação de Jovens e Adultos que estudam à noite são trabalhadores e não existe programa que atenda suas especificidades.

Baseado nessa questão, o estudo evidencia que as dificuldades dos estudantes EJA está em conciliar o estudo com o trabalho, visto que não há na escola nem no município programas que possam contribuir com esses estudantes que vivem de seu próprio trabalho. Nossa sugestão é de que a escola como instituição pública com diretos e deveres deve assumir essas questões.

No que diz respeito às observações em sala de aula na aplicação dos formulários aos docentes e discentes e entrevista com os docentes, chegamos às seguintes considerações: é necessário formação contínua para os professores que trabalham com Educação de Jovens e Adultos na escola Estadual Pedro Teixeira do município de Tabatinga oferecidas pela Secretaria de Estado da Educação e Qualidade de Ensino (SEDUC).

É necessário também que todos os estudantes da EJA recebam o material didático no início do ano letivo, principalmente o livro didático, que é um dos materiais essenciais para a busca de conhecimento nas disciplinas ministradas pelos professores. Observamos que é preciso mais investimento na formação dos professores, no sentido de que possam compreender o processo de ensino e aprendizagem numa perspectiva crítica, a fim de compreender e entender o processo pedagógico, tendo como base a pedagogia libertadora.

Recomendamos que a escola enquanto instituição educacional chame para si o compromisso de, juntamente com o Poder Público municipal, estadual e federal, realizar um trabalho envolvendo pais, alunos, professores e sociedade civil, no sentido de cadastrar todos os iletrados do município e oportunizar um programa que possa atender essa especificidade de ensino.

Portanto, temos convicção de que a sociedade brasileira somente alcançará grandes êxitos na política, economia, educação, cultura e programas sociais se houver organização social de todos os cidadãos brasileiros, onde estes possam compreender que a educação é um direito de natureza social importante para o desenvolvimento do município, Estado e nação. Para tanto, acreditamos ser possível a existência de um processo democrático que possa contribuir na busca de conhecimentos dos direitos e deveres de todos os cidadãos brasileiros.

REFERÊNCIAS

AYRES, Antônio Tadeu. **Prática pedagógica competente**: ampliando os saberes do professor. Petrópolis: Vozes, 2004.

ALTET, Marguerite; PERRENOUD, Philippe; PAGUAY, Léopold. **A profissionalização dos formadores de professores**. Tradução de Fátima Murad. Porto Alegre: Artmed, 2003.

ARROYO, Miguel Gonzáles (org.). **Da escola carente à escola possível**. Coleção Educação Popular, n. 8.4. ed. São Paulo: Loyola, 1997.

ASSUMPÇÃO, Raiane (org.). **Educação popular na perspectiva freiriana**. São Paulo: Instituto Paulo Freire, 2009.

CONSTITUIÇÃO DA REPÚBLICA FEDERATIVA DO BRASIL, 1988. **Centro de Documentação e Informação** – Coordenação de Publicações. Mesa da Câmara dos Deputados, 51ª Legislatura – 4ª Sessão Legislativa. 19. ed. Brasília, 2002.

CONSTITUIÇÃO DO ESTADO DO AMAZONAS, 1989. Celso Cavalcanti (org.). 2. ed. Manaus: Valer, 2001.

BALEM, Nair Maria. **A formação do professor de jovens e adultos**: pontuando imagens sobre a docência. São Leopoldo: Unisinos, 2001.

BRASIL. **Parecer CNE/CEB, 11/2000**. Diretrizes Curriculares para a Educação de Jovens e Adultos. Ministério da Educação. Conselho nacional de educação. Brasília, 2000.

BRASIL. **Plano Nacional de Educação**. Proposta do executivo ao Congresso Nacional. Ministério da Educação e do Desporto/MEC. Instituto nacional de estudos e Pesquisas Educacionais/INEP. Brasília, 1998.

BREHRENS, Marilda Aparecida. **Paradigma da complexidade**: metodologia de projetos, contratos didáticos e portfólios. Petrópolis: Vozes, 2006.

CANDAU, Vera Maria (org.). **Ensinar e aprender**: sujeitos, saberes e pesquisa. 2. ed. Rio de Janeiro: DP & A, 2002.

CASÉRIO, Vera Mariza Regino. **Educação de jovens e adultos**: pontos e contrapontos. Bauru: EDUSC, 2003.

CERVO, Amado Luiz; BERVIAN, Pedro Alcino. **Metodologia científica**. 5. ed. São Paulo: Hall, 2002.

DEMO, Pedro. **Pesquisa**: princípio científico e educativo. 8. ed. São Paulo: Cortez, 2001.

DI PIERRO, Maria Clara. Balanço e desafios das políticas públicas de educação de jovens e adultos no Brasil. *In:* SOARES, L. *et al.* **Convergências e tensões no campo da formação e do trabalho docente**. Belo Horizonte: Autêntica, 2010.

DI PIERRO, Maria Clara; JOIA, Orlando; RIBEIRO, Vera Machado. Visões da educação de jovens e adultos no Brasil. **Caderno cedes**, São Paulo, ano XXI, n. 55, 27, n. 2, p. 321-337, jul./dez. 2001.

DUARTE, Newton. **A filosofia da práxis em Gramsci e Vygotsky**. Trabalho apresentado em 14 ago. 2007 - VI Jornada do Núcleo de ensino, UNESP, Campus de Marília, 2007.

ENCONTRO NACIONAL DE EDUCAÇÃO DE JOVENS E ADULTOS/ ENEJA. Rio de Janeiro, 1999.

FAZENDA, Ivani (org.). **Metodologia da Pesquisa Educacional**. 8. ed. São Paulo: Cortez, 2002.

FELDMANN, Marina Graziela (org.). **Formação de professores e a escola na contemporaneidade**. São Paulo: SENAC, 2009.

FREIRE, Ana Maria (org.). **Pedagogia dos sonhos possíveis**. 2. ed. São Paulo: UNESP, 2001.

FREIRE, Paulo. **A importância do ato de ler**. 49. ed. São Paulo: Cortez, 2003.

_____. **Pedagogia da autonomia**: saberes necessários à prática educativa. 33. ed. São Paulo: Paz e Terra, 2006.

_____. **Pedagogia do Oprimido**. Rio de Janeiro: Paz e Terra, 2005.

FREITAS, Helena Costa Lopes de. Novas políticas da formação: da concepção negada à concepção consentida. *In:* BARBOSA, Raquel Lazzari Leite. **Trajetórias e perspectivas da formação de educadores**. São Paulo: UNESP, 2004.

FONSECA, Luiz Almir Menezes. **Metodologia científica ao alcance de todos**. 4. ed. Manaus: Valer, 2010.

FRIGOTTO, Gaudêncio. A formação e a profissionalização do educador: novos desafios. *In:* GENTILI, Pablo; SILVA, Tomaz Tadeu da (org.). **Escola S.A**: quem ganha e quem perde no mercado educacional do neoliberalismo. Brasília, DF: CNTE, 1996.

_____. **A produtividade da escola improdutiva**: um (re) exame das relações entre educação e estrutura econômico-social capitalista. 6. ed. São Paulo: Cortez, 2001.

_____. **Educação e crise do trabalho**: perspectivas de final de século. 6. ed. Petrópolis: Vozes, 2002.

FURASTÊ, Pedro Augusto. **Normas Técnicas para o Trabalho Científico**: Elaboração e formatação. Explicitação das Normas da ABNT. 14. ed. Porto Alegre: Brasul, 2008.

GADOTTI, Moacir. **Pedagogia da práxis**. São Paulo: Cortez, Instituto Paulo Freire, 1995.

GADOTTI, Moacir; ROMÃO, E. José (org.). **Educação de jovens e adultos**: Teoria, prática e pesquisa. 10. ed. São Paulo: Cortez, Instituto Paulo Freire, 2008.

GAMBOA, Silvio Sánchez. **Projetos de pesquisa, fundamentos lógicos necessários**. Chapecó: Argos, 2010.

GARCIA, Dirce M. F.; CECÍLIO, Sália (org.). **Formação e profissão docente em tempos digitais**. Campinas: Alínea, 2009.

GENTILI, Pablo (org.). **Pedagogia da exclusão**: crítica ao neoliberalismo em educação. Trad. Vânia Paganini Truler; Tomaz Tadeu da Silva. 6. ed. Petrópolis: Vozes, 2000.

GHEDIN, Evandro. Implicações das reformas do ensino para a formação de professores. *In:* BARBOSA, Raquel Lazzari Leite (org.). **Trajetórias e perspectivas da formação de educadores**. São Paulo: Ed. UNESP, 2004.

GIL, Antônio Carlos. **Métodos e técnicas de pesquisa social**. 5. ed. São Paulo: Atlas, 2007.

GOMES, Carlos Minayo *et al.* **Trabalho e conhecimento**: dilemas na educação do trabalhador. 5. ed. São Paulo: Cortez, 2004.

GONZÁLEZ, Leopoldo Jesús Fernandez; DOMINGOS, Tânia Regina Eduardo. **Homem, pessoa e personalidade**: Cadernos de Antropologia da Educação, n. 2. Petrópolis, RJ: Vozes, 2005.

HADDAD, Sérgio; DI PIERRO, Maria Clara. Escolarização de jovens e adultos. **Revista Brasileira de Educação**, Rio de Janeiro, n. 14, p. 108-130, maio/jun./jul./ago. 2000.

ISAIA, Silva Maria de Aguiar. A docência superior: pressupostos a considerar. *In:* RISTOFF, Dilvo; SEVEGNANI, Palmira (org.). **Docência na educação superior**. Brasília: Instituto Nacional de Estudos e Pesquisas Educacionais Anísio Teixeira, 2006.

KUENZER, Acácia Zeneida; CALAZANS, Maria Julieta Costa; GARCIA, Walter. **Planejamento e educação no Brasil**. 2. ed. São Paulo: Cortez, 1993.

LAFIM, Maria Hermínia Lage Fernandes. **A constituição da docência na educação de jovens e adultos**. GT: Educação de Pessoas Jovens e adultas/n. 18.

LAKATOS, Eva Maria; MARCONI, Maria de Andrade. **Metodologia do trabalho científico**. 4. ed. São Paulo: Atlas, 1992.

LAZZARATO, Maurizio; NEGRI, Antonio. **Trabalho imaterial**: formas de vida e produção de subjetividade. Tradução de Mônica Jesus. Rio de Janeiro: DP & A, 2001.

LIBÂNEO, José Carlos. **Democratização da escola pública**: A pedagogia críticosocial dos conteúdos. 19. ed. São Paulo: Loyola, 2003.

LUCK, Heloísa et al. **A escola participativa**: o trabalho do gestor escolar. Petrópolis: Vozes, 2005.

MACHADO, Maria Margarida (org.). **Formação de educadores de jovens e adultos**. II Seminário Nacional. Brasília: SECAD/MEC, UNESCO, 2008.

MEIRIEU, Philipe. **O cotidiano da escola e da sala de aula**: o fazer e o compreender. Tradução de Fátima Murad. Porto Alegre: Artmed, 2005.

MINAYO, Maria Cecília de Souza et al. (org.). **Pesquisa social**: Teoria, método e criatividade. 23. ed. Petrópolis: Vozes, 2004.

MOREIRA, Herivelto; GALEFFE, Luiz Gonzaga. **Metodologia da pesquisa para o professor pesquisador**. 2. ed. Rio de Janeiro: Lamparina, 2008.

MORIN, Edgar. **A cabeça bem feita**: repensar a reforma, reformar o pensamento. Trad. Eloá Jacobina. 9. ed. Rio de Janeiro: Bertrand Brasil, 2004.

_____. **Educação e complexidade**: os sete saberes e outros ensaios. Organização de Maria da Conceição de Almeida; Edgard de Assis Carvalho. São Paulo: Cortez, 2002.

MOURA, Tania Maria de Melo (org.). **Educação de jovens e adultos**: Currículo, trabalho docente, práticas de alfabetização e letramento. Maceió: EDUFAL, 2008.

NASCIMENTO, Danúbia Maria Silva; OLIVEIRA, Ana Maria Borges de. **A Visão transformadora do educador de jovens e adultos em dias atuais**. Belém: Folheando, 2002.

NEREIDE, Saviani. **Saber escolar, currículo e didática**: problema da unidade conteúdo/método no processo pedagógico. Coleção educação contemporânea. 2. ed. Campinas: Autores Associados, 1998.

NETO, Antonio Cabral (org.). **Política educacional:** desafios e tendências. Porto Alegre: Sulina, 2004.

NORONHA, Olinda Maria. Práxis e educação. Centro Universitário Salesiano de São Paulo – UNISAI. **Revista Histedbr**, Campinas, n. 20, p. 86-93, dez. 2005.

OLIVEIRA, Maria Marly de. **Como fazer pesquisa qualitativa**. 2. ed. Petrópolis: Vozes, 2008.

PAIVA, Jane. A construção coletiva da política de educação de jovens e adultos no Brasil. *In:* MACHADO, Maria Margarida (org.). Educação de Jovens e adultos em aberto. **Em Aberto**, Brasília, v. 22, n. 82, p. 59-71, nov. 2009.

PAIVA, Vanilda Pereira. **Educação popular e educação de adultos**. 3. ed. São Paulo: Loyola, 1985.

PAGUAY, Léopold *et al.* (org.). **Formando professores profissionais**: Quais estratégias? Quais competências? Trad. Fátima Murad e Eunice Gruman. 2. ed. Porto Alegre: Artmed, 2001.

PELLICANO, Valéria Augusta. **Formação do professor da educação de jovens e adultos** – compartilhando saberes. Universidade Estadual de Londrina. Londrina, 2008.

PERRENOUD, Philippe. **Os ciclos de aprendizagem**: um caminho para combater o fracasso escolar. Trad. Patrícia Crittoni Ramos Reuillard. Porto Alegre: Artmed, 2004.

PICONEZ, Stela C. Bertholo. **Educação escolar de jovens e adultos**. 4. ed. Campinas: Papirus, 2002.

PIMENTA, Selma Garrido; GHEDIN, Evandro (org.). **Professor reflexivo no Brasil**: gênese e crítica de um conceito. 2. ed. São Paulo: Cortez, 2002.

PLANO ESTADUAL DE EDUCAÇÃO DO AMAZONAS – PEE/AM. Uma construção da sociedade amazonense, 2008.

RESOLUÇÃO/CEB – CNE n.º 1, de 5 de julho de 2000. Diário Oficial, Brasília, 19-07- Seção 1, p. 18.

RIVERO, Cléia Maria L.; GALLO, Sílvio (org.). **A formação de professores na sociedade do conhecimento**. Bauru: Edusc, 2004.

RUMMERT, Sônia Maria. Educação de jovens e adultos trabalhadores no Brasil atual: do simulacro à emancipação. **Perspectiva**, Florianópolis, v. 26, n. 1, 175208, jan./jun. 2008. Disponível em: HTTP://www.perspectiva.ufsc.br.

SAVIANI, Demerval. Formação de professores: aspectos históricos e teóricos do problema no contexto brasileiro. Trabalho apresentado na 31ª. Reunião Anual da ANPED. Out./2008. Caxambu (MG). **Revista Brasileira de Educação**, v. 14, n. 40, jan./abr., 2009.

_____. **Política e educação no Brasil**: o papel do congresso Nacional na legislação do ensino. 5. ed. Campinas: Autores Associados, 2002.

SCHON, Donald A. **Educando o profissional reflexivo**: um novo design para o ensino e a aprendizagem. Trad. Roberto Cataldo Costa. Porto Alegre: Artmed, 2000.

SECRETARIA DE ESTADO DA EDUCAÇÃO E QUALIDADE DO ENSINO/SEDUC Conselho Estadual de Educação/ CEE. **Plano Estadual de Educação/PEE**. Manaus, 2008.

SECRETARIA DE ESTADO DA EDUCAÇÃO E QUALIDADE DO ENSINO/SEDUC. **Gerência da educação de Jovens e Adultos/GEJA**. Manaus, 2010.

SILVA, Jorge Gregório da; LIMA, Maria Lucimar de Sousa (org.). **Educação de jovens e adultos**: Convivendo e aprendendo com as diferenças. Manaus: MemVavMem, 2007.

SILVA, Tomaz Tadeu; GENTILLI, Pablo (org.). **Escola S.A**: quem ganha e quem perde no mercado educacional do neoliberalismo. Brasília: CNTE, 1996.

SOARE, Leôncio José Gomes. **Educação de jovens e adultos**. Diretrizes Curriculares Nacionais. Rio de Janeiro: DP & A, 2002.

SOUZA, Cecília Rodrigues de. **Educação, discurso e compromisso**. Manaus: Valer, 2006.

TARDIF, Maurice. **Saberes docentes e formação profissional**. 8. ed. Petrópolis: Vozes, 2007.

TARDIF, Maurice; LESSARD, Claude (org.). **O trabalho docente**: Elementos para uma teoria da docência como profissão de interações humanas. Trad. João Batista Kreuch. Petrópolis: Vozes, 2005.

TELLES, Tenório; KRUGER, Marcos Frederico (org.). **Textos que edificam**: valores humanos e a formação da consciência. Governo do Estado do Amazonas. Manaus: SEDUC-EJA. Travessia, 2004.

TORRES, Carlos Alberto. Política para educação de adultos e globalização. **Currículo sem Fronteiras**, v. 3, n. 2, p. 60-69, jul./dez. 2003. Disponível em: www.curronteiras.org. Universidade da Califórnia – Los Angeles – Estados Unidos da América. Data de acesso: 11 out. 2009.

TOZONI-REIS, Marília Freitas de Campos. **A construção coletiva do conhecimento e a pesquisa-ação participativa**: compromissos e desafios. Pesquisa em Educação Ambiental, v. 2, n. 2, p. 89-107, 2007.

VALE, Ana Maria do. **Educação popular na escola pública**. 4. ed. São Paulo: Cortez, 2001.

VEIGA, Ilma Passos Alencastro. **A prática pedagógica do professor de didática**. 11. ed. Campinas: Papirus, 2008.

VENTURA, Jaqueline P. **Educação de jovens e adultos ou educação da classe trabalhadora?** Concepções em disputa na contemporaneidade brasileira. Tese (Doutorado em Educação) – Faculdade de Educação, Universidade Federal Fluminense, Niterói, 2008.

APÊNDICES

UNIVERSIDADE FEDERAL DO AMAZONAS
FACULDADE DE EDUCAÇÃO
PROGRAMA DE PÓS-GRADUAÇÃO – MESTRADO EM EDUCAÇÃO
FORMULÁRIO A SER APLICADO AOS DOCENTES

1. Nome:_____
2. Grau de Escolaridade:_____
   ( ) Graduação: Qual o curso?_____
   ( ) Pós-Graduação: Qual o curso?_____
3. Ano de ingresso no Magistério:_____
4. Há quantos anos você trabalha como docente?
   a). ( ) 1 a 5 anos.
   b). ( ) 6 a 10 anos.
   c). ( ) 11 a 15 anos.
   d). ( ) 16 a 20 anos.
   e). ( ) 21 a 25 anos.
5. Há quantos anos você trabalha com a modalidade educação de jovens e adultos?
   a). ( ) 1 a 5 anos.
   b). ( ) 6 a 10 anos.
   c). ( ) 11 a 15 anos.
   d). ( ) 16 a 20 anos.
6. Qual a sua renda mensal como docente?
   a). ( ) 1 a 2 salários mínimos.
   b). ( ) 2 a 3 salários mínimos.
   c). ( ) 3 a 4 salários mínimos.
   d). ( ) 4 a 5 salários mínimos.
   e). ( ) 5 a 6 salários mínimos.

7. Você mora em casa própria?

    ( ) Sim   ( ) Não

8. Você considera que sua prática profissional tem contribuído para uma formação crítica do educando da educação de jovens e adultos?

    ( ) Sim   ( ) Não   ( ) Em parte

9. Você gosta de trabalhar com os estudantes da educação de jovens e adultos?

    ( ) Sim   ( ) Não   ( ) Em parte

10. Você se considera adequadas as condições de trabalho oferecidas para a realização de seu fazer pedagógico?

    ( ) Sim   ( ) Não   ( ) Em parte

11. Nos últimos anos você participou de algum curso de capacitação na área de educação de jovens e adultos?

    ( ) Sim   ( ) Não

12. Se participou, qual o curso?_____

UNIVERSIDADE FEDERAL DO AMAZONAS
FACULDADE DE EDUCAÇÃO
PROGRAMA DE PÓS-GRADUAÇÃO – MESTRADO EM EDUCAÇÃO
ROTEIRO DE ENTREVISTA PARA OS DOCENTES

1. No seu entendimento, a educação de jovens e adultos, enquanto modalidade de ensino tem contribuído para o processo de ensino e aprendizagem do educando?
2. Como você percebe as condições de trabalho oferecidas pela escola para a realização do fazer pedagógico do professor?
3. Você considera que as condições de trabalho oferecidas pela escola interferem na prática profissional do educador de jovens e adultos?
4. Você tem observado se nos últimos anos, a política educacional brasileira tem contribuído para a formação do educador de jovens e adultos?
5. Em sua opinião, seu trabalho docente tem contribuído para a formação crítica do educando?
6. Você tem observado que a metodologia utilizada para trabalhar os conteúdos programáticos tem contribuído para a aprendizagem dos estudantes da EJA?
7. Em sua opinião, os conteúdos trabalhados são pertinentes para a formação dos estudantes do 2º Segmento EJA?
8. Você considera suficiente a carga horária determinada pela Secretaria de Educação para explicação dos conteúdos programáticos?
9. Na realização de seu fazer pedagógico como você relaciona o processo de ensino e aprendizagem com a realidade dos estudantes do segundo seguimento EJA?
10. Qual a sua opinião o ensino oferecido aos estudantes da EJA do 2º Segmento da Escola Estadual Pedro Teixeira?
11. Você está trabalhando com a modalidade, educação de jovens e adultos por prazer ou por não haver oportunidade de trabalho em outra modalidade?
12. Para você, o que significa trabalhar com educação de jovens e adultos.

UNIVERSIDADE FEDERAL DO AMAZONAS
FACULDADE DE EDUCAÇÃO
PROGRAMA DE PÓS-GRADUAÇÃO – MESTRADO EM EDUCAÇÃO
FORMULÁRIO A SER APLICADO AOS ESTUDANTES

Nome:_____

Idade: _____ Anos: _____

1. Qual o grau de escolaridade de seu pai?

   ( ) Alfabetizado

   ( ) Não alfabetizado

   ( ) Ensino Fundamental Completo

   ( ) Ensino Fundamental incompleto

   ( ) Ensino Médio Completo

   ( ) Ensino Médio Incompleto

2. Qual o grau de escolaridade de sua mãe?

   ( ) Alfabetizada

   ( ) Não alfabetizado

   ( ) Ensino Fundamental Completo

   ( ) Ensino Fundamental incompleto

   ( ) Ensino Médio Completo

   ( ) Ensino Médio Incompleto

3. Na sua trajetória escola, você já repetiu alguma vez de série?

   ( ) Sim   ( ) Não

4. Se a resposta for sim. Qual a série que repetiu?_____

5. Se repetiu, qual ou quais o (s) motivo(s)?_____

6. Você estuda e trabalha?

   ( ) Sim   ( ) Não

7. Se trabalha, qual a sua atividade?_____

8. Qual a sua opinião sobre o trabalho do professor em sala de aula?

9. Você considera que o trabalho do professor é desenvolvido com o objetivo de proporcionar uma cisão crítica frente à realidade social do estudante?

( ) Sim   ( ) Não

10. Você observa que o as condições de trabalho que o professor realiza as suas atividades docentes interferem no professo de ensino e aprendizagem dos estudantes da EJA?

( ) Sim   ( ) Não

ANEXOS

A   Termo de Consentimento Livre e Esclarecido Docente
B   Termo de Consentimento Livre e Esclarecido Discente

UNIVERSIDADE FEDERAL DO AMAZONAS
FACULDADE DE EDUCAÇÃO
PROGRAMA DE POS-GRADUAÇÃO - MESTRADO EM EDUCAÇAO

TERMO DE CONSENTIMENTO
LIVRE E ESCLARECIDO DOCENTE

Convidamos os senhores a participar do projeto de pesquisa intitulado "**A PRÁXIS DO EDUCADOR DA EDUCAÇÃO DE JOVENS E ADULTOS: Um estudo de caso na Escola Estadual Pedro Teixeira**", que tem como objetivo: a) Analisar de que maneira se realiza a práxis do educador da educação de jovens e adultos na Escola Estadual Pedro Teixeira; b) Conhecer a política de formação para o educador na educação de jovens e adultos; c) Identificar os principais fatores que interferem na práxis do educador da educação de jovens e adultos; d) Analisar os processos de ensino e aprendizagem dos alunos da EJA do 3º Ano do ensino médio do turno noturno.

Os benefícios relacionados com a participação dos senhores se relacionam com possíveis contribuições para o entendimento da práxis do educador da EJA. A participação dos senhores nesta investigação está relacionada a sua experiência docente para estudarmos as contradições e mediações do fazer pedagógico na escola. Sua participação na condição de entrevistados trarão possíveis conhecimentos para esta pesquisa.

Pretendemos utilizar como instrumentos investigativos para coletas de dados, a entrevista semiestruturada, na qual utilizaremos o gravador com a intenção de não intimidar o educador e os formulários para que os docentes tenham liberdade de expressar o livre pensamento sobre as questões propostas.

Os encontros com os senhores acontecerão na escola em horários a serem definidos com o gestor na intenção de preservar a privacidade dos sujeitos participantes, uma vez que, não serão identificados no resultado da pesquisa. As informações relacionadas a pesquisa, os senhores poderão obter contato nos seguintes endereços: **Eloy Lima Menezes**, pesquisador. Rua General Sampaio, 81; Bairro; D. Pedro I; Fones: (92) 9153-1296 / (97)3412-4834 / (97) 9164-1270; Email; eloymenezes@hotmail.com; Município de Tabatinga – Am.

Dr. Prof. Aristonildo Chagas Araújo Nascimento; Orientador; Rua Tapauá, n° 9 – Centro – Município de Iranduba – Am; Fones: (92) 3305-4501 / 3305-4597 / 9131-7743. E-mail: aristonildo@ufam.edu.br. **Instituição:** Universidade Federal do Amazonas – UFAM; Faculdade de Educação; Programa de PósGraduação – Mestrado em Educação. Av. General Rodrigo Otávio Jordão Ramos, 3000; Campus Universitário; Manaus – Am; Fones: (92) 3305-4597 / 3305-4569 ppge@ufam.edu.br.

Estou ciente do trabalho que será realizado na escola pelo pesquisador, concordo em participar e contribuir para o andamento do projeto de pesquisa, sabendo que não receberei nenhum ônus, quanto a minha contribuição.

_____
Assinatura do(s) participante(s)

_____
Pesquisador responsável

Manaus, _____de _____de 2011.

UNIVERSIDADE FEDERAL DO AMAZONAS
FACULDADE DE EDUCAÇÃO
PROGRAMA DE POS-GRADUAÇÃO - MESTRADO EM EDUCAÇAO

TERMO DE CONSENTIMENTO
LIVRE E ESCLARECIDO DISCENTE

Convidamos os senhores a participar do projeto de pesquisa intitulado "A **PRÁXIS DO EDUCADOR DA EDUCAÇÃO DE JOVENS E ADULTOS: Um estudo de caso na Escola Estadual Pedro Teixeira**", que tem como objetivo: a) Analisar de que maneira se realiza a práxis do educador da educação de jovens e adultos na Escola Estadual Pedro Teixeira; b) Conhecer a política de formação para o educador na educação de jovens e adultos; c) Identificar os principais fatores que interferem na práxis do educador da educação de jovens e adultos; d) Analisar os processos de ensino e aprendizagem dos alunos da EJA do 3º Ano do ensino médio do turno noturno.

Os benefícios relacionados com a participação dos senhores se relacionam com possíveis contribuições para o entendimento da práxis do educador da EJA. A participação dos senhores nesta investigação está relacionada a sua experiência docente para estudarmos as contradições e mediações do fazer pedagógico na escola. Sua participação na condição de entrevistados trarão possíveis conhecimentos para esta pesquisa.

Pretendemos utilizar como instrumentos investigativos para coletas de dados, a entrevista semiestruturada, na qual utilizaremos o gravador com a aproveitar todos os momentos da entrevista. A observação não-participante com a intenção de

não intimidar os alunos e os formulários para que os discentes tenham liberdade de expressar o livre pensamento sobre as questões propostas.

Os encontros com os alunos acontecerão na escola em horários a serem definidos com o gestor na intenção de preservar a privacidade dos sujeitos participantes, uma vez que, não serão identificados no resultado da pesquisa. As informações relacionadas a pesquisa, os senhores poderão obter contato nos seguintes endereços: **Eloy Lima Menezes**, pesquisador. Rua General Sampaio, 81; Bairro; D. Pedro I; Fones: (92) 9153-1296 / (97)3412-4834 / (97) 9164-1270; Email; eloymenezes@hotmail.com; Município de Tabatinga – Am.

Dr. Prof. Aristonildo Chagas Araújo Nascimento; Orientador; Rua Tapauá, n°· 9 – Centro – Município de Iranduba – Am; Fones: (92) 3305-4501 / 3305-4597 / 9131-7743. E-mail: aristonildo@ufam.edu.br. **Instituição:** Universidade Federal do Amazonas – UFAM; Faculdade de Educação; Programa de PósGraduação – Mestrado em Educação. Av. General Rodrigo Otávio Jordão Ramos, 3000; Campus Universitário; Manaus – Am; Fones: (92) 3305-4597 / 3305-4569 ppge@ufam.edu.br.

Estou ciente do trabalho que será realizado na escola pelo pesquisador, concordo em participar e contribuir para o andamento do projeto de pesquisa, sabendo que não receberei nenhum ônus, quanto a minha contribuição.

_____
Assinatura do(s) participante(s)

_____
Pesquisador responsável

Manaus, _____de _____de 2011.